基础会计学：生活中的应用

主　编　邢广陆　张　静

副主编　刘　凤　韩　澍　朱传霞

北京理工大学出版社
BEIJING INSTITUTE OF TECHNOLOGY PRESS

图书在版编目（CIP）数据

基础会计学：生活中的应用 / 邢广陆，张静主编. —北京：北京理工大学出版社，2018.8（2022.8 重印）

ISBN 978-7-5682-6023-7

Ⅰ. ①基…　Ⅱ. ①邢…　②张…　Ⅲ. ①会计学–基本知识　Ⅳ. ①F230

中国版本图书馆 CIP 数据核字（2018）第 178264 号

出版发行 / 北京理工大学出版社有限责任公司
社　　址 / 北京市海淀区中关村南大街 5 号
邮　　编 / 100081
电　　话 /（010）68914775（总编室）
（010）82562903（教材售后服务热线）
（010）68944723（其他图书服务热线）
网　　址 / http://www.bitpress.com.cn
经　　销 / 全国各地新华书店
印　　刷 / 廊坊市印艺阁数字科技有限公司
开　　本 / 710 毫米×1000 毫米　1/16
印　　张 / 13
字　　数 / 261 千字
版　　次 / 2018 年 8 月第 1 版　2022 年 8 月第 3 次印刷
定　　价 / 36.00 元

责任编辑 / 李玉昌
文案编辑 / 袁　慧
责任校对 / 杜　枝
责任印制 / 李　洋

前 言

“基础会计”是高职院校财经类专业的重要基础课，也是商科各专业的通识基础课。高等职业教育以服务发展为目标，培养应用型技能人才，注重培养学生的应用技能。但目前高职高专的同类教材多侧重会计理论，对提高学生的实际核算能力、动手操作能力关注不够，学生的理论学习和实践应用严重脱节，课程的学习目标与高等职业教育的培养目标脱节。

现今的经济社会环境中，无论是企业以追求利润最大化、价值最大化为发展目标，经济活动贯穿于企业经营的全过程；还是“大众创业，万众创新”的时代要求，创业过程与经济活动密不可分；就是每个人的家庭生活中也离不开各种各样的经济活动，会计已经成为每个人在社会工作和生活的重要工具。目前的会计教材都是以企业为背景，很少将会计应用到个人或家庭发生的经济行为中，将会计学习作为提升学生相关生活技能的学习。学生在日常生活中主动发挥会计的工具作用的意识不够。以生活中的经济事件为背景来学习会计基础课程有非常现实的意义。

本书着眼于个人或家庭生活中遇到的会计知识和技能编写，在会计基础理论的指导下，通过会计思维，借用会计基础概念，将个人或家庭假设为“会计主体”，努力使本书从内容到表现形式更接近生活，更好地提高学生应用会计工具的能力，为培养应用型人才服务。

本书的特色如下：

1. *内容体系采用循序渐进的模块化设计*

本书根据会计的理论体系，将内容分为三大模块，即认识会计、生活中的会计、会计工具在生活中的应用。这三个模块之间是循序渐进、步步深入的关系，首先，了解会计的基础理论知识；其次，通过案例学习会计核算；最后，通过项目教学实践使用会计工具。学生在经过这三个模块的学习之后，能提高运用会计知识和技能解决生活中的财务问题的自觉性、专业性，掌握核算、记录、分析自己的经济活动的技能。

2. *表现形式支持案例教学*

本书以提高学生的实践能力、创新能力、就业能力和创业能力为目标，融“学、教、做”为一体，重点培养学生对经济现象、经济活动的分析和决策管理能力。将生活中的经济活动分不同场景，配套设计实务案例，让学生一看案例就感同身受。另外，本书还配套了应用习题，通过完成直观、真实、丰富的案例习题，学生更容易掌握会计知识和技能。

本书的参考学时为32学时，各模块的具体参考学时参见下面的学时分配表。

模块	章节	课程内容	学时分配
模块一	1.1	了解会计的产生和发展	1
	1.2	会计的定义和作用	
	1.3	会计的基本假设与原则	1
	1.4	会计的要素与科目	1
	1.5	会计报表	1
模块二	2.1	生活中的会计假设	1
	2.2	生活中的经济活动	1
	2.3	生活中的会计科目	1
	2.4	生活中的报表	1
	2.5	生活服务的场景	17
	2.6	报表编制与财务分析	4
模块三	3.1	记账 App—随手记	1
	3.2	记账 App—挖财	1
	3.3	记账 App—支付宝账本	1
课时总计			32

本书由青岛职业技术学院邢广陆、张静、刘凤、韩澍、朱传霞编写，第一篇由韩澍编写，第二篇由邢广陆、张静、刘凤编写，第三篇由朱传霞编写。全书案例设计和凭证制作由张静负责。

由于编者水平有限，书中难免存在错误和不妥之处，敬请广大读者批评指正。

编　者

2018年3月

目 录

第一篇 认识会计

第二篇 生活中的会计

第一篇
认 识 会 计

第一章
会计的从无到有

会计的发展源远流长。早在原始社会，人们已经学会“实物记事”，他们用适宜的实物（比如动物的头骨、羊屎、石头等）做材料来记录数量。后来逐渐出现了“绘画记事”“结绳记事”“刻契记事”，此时会计的萌芽已经出现。

西周专门设置“司会”官职，掌管国家和地方的“百物财用”。司会“掌邦之六典、八法、八则之贰……而听其会计”“以参互考日成，以月要考月成，以岁会考岁成”。西周时期第一次出现会计这个词。

战国至秦汉，形成了以“入、出”为通用记账符号，以上入下出为基本特征的单式入、出记账法。以“入－出＝余”为基本公式的三柱结算法的普及运用，以及在战国中后期会计账簿分类核算都奠定了中式会计方法的基础。秦汉时期还采用了以“收、付”为记账符号，以上收下付为基本特征的单式收付记账法，并对一部分收支以钱币为计量单位进行核算，这是中式会计初步发展的重要标志。

唐朝对会计和经济监督工作非常重视，由户部专门掌管国家的会计工作，比部则作为独立的审计机关。此外唐朝还出现“账簿”一词，并且账簿开始普遍使用纸张。

宋朝的账簿体系更加完善，包括草账、流水账和总账。宋朝对中国会计史最突出的贡献就是“四柱清册”，基本原理就是旧管＋新收＝开除＋实在。从世界范围看，“四柱结算法”中的“四柱平衡公式”（旧管＋新收＝开除＋实在）和“四柱差额平衡公式”（新收－开除＝实在－旧管）的建立、运用，比西式簿记中平衡结算法的出现早得多。

明清时期产生了中国的复式记账法——“龙门账”。它将全部经济事项划分为“进”（各项收入）、“缴”（各项支出）、“存”（各项资产）、“该”（各项负债和资本）四大类，遵循“有来必有去，来去必相等”的记账规则处理账目。进－缴＝存－该，称为“龙门合”；否则为“龙门不合”。

鸦片战争后，出现了借贷复式记账法与收付记账法并行的局面。民国时期，潘序伦创办立信会计师事务所、立信会计学校和立信图书用品社，立信图书用品社编著、出版多种会计书刊，使借贷记账法在中国得到广泛传播。

1949 年中华人民共和国成立以后，中国会计进入新的发展时期。初期，参照苏联模式建立了高度统一的会计制度，形成了计划经济会计模式。20 世纪 90 年代后，中国加快改革开放和国际化进程，会计改革势在必行。2006 年财政部发布《企业会计准则》基本准则和 38 个具体准则及其应用指南，意味着我国的会计准则与国际接轨；2014 年根据国内企业和资本市场发展的实际需要，在借鉴国际财务报告准则的基础上，财政部对《企业会计准则》进行了“大修”；2015 年又陆续出台会计准则解释等相关法规。

第二章

会计的定义与作用

一、会计是什么

（一）会计是管理活动

会计是以货币为主要计量单位，运用专门的方法，对企事业单位或其他组织的经济活动进行连续、系统、全面反映和监督的一项经济管理活动。

（二）会计是信息系统

会计是把企业有用的各种经济业务统一成以货币为计量单位，通过记账、算账、报账等一系列程序来提供反映企业财务状况和经营成果的经济信息。

具体而言，会计是对一定主体的经济活动进行核算和监督，并向有关方面提供会计信息。

（三）会计是控制系统

会计是一种以认定受托责任为目的，以决策为手段，对一个实体的经济事项按公认会计原则与标准，进行分类、记录、汇总、传达的控制系统。

（四）会计是一种技术

会计是按照既定的程序和方法，将企事业单位的经济活动如实反映到特定载体中的技术。

【思考】会计到底是什么？你怎么看？

二、会计有什么作用

（一）有助于企业加强管理，提高效益

分析企业的财务状况、经营成果和现金流量，可以全面、系统地了解企业生产经营状况，预测未来发展前景；通过预算的分解和落实，建立内部经济责任制，做到目标明确、责任清晰、考核严格、赏罚分明。会计通过真实地反映企业的财务信息，参与经营决策，能够发挥会计工作在加强企业经营管理、提高经济效益方面的积极作用。

（二）有助于提供有用的信息，提高企业透明度

会计工作提供的有关企业财务状况、经营成果和现金流量方面的信息，是投资者和债权人等各方面进行决策的依据。比如：投资者为了选择投资对象、衡量投资风险、做出投资决策，需要了解企业的盈利能力和发展趋势，也需要了解企业经营情况方面的信息及其所处行业的信息；债权人为了选择贷款对象、衡量贷款风险、做出贷款决策，需要了解企业的短期偿债能力和长期偿债能力，也需要了解企业所处行业的基本情况及其在同行业所处的地位；政府部门为了制定经济政策、进行宏观调控、配置社会资源，需要从总体上掌握企业的资产负债结构、损益状况和现金流转情况，从宏观上把握经济运行的状况和发展变化趋势。所有这一切，都需要会计提供有助于他们进行决策的信息，通过提高会计信息透明度来规范企业会计行为。

（三）有助于考核管理层的履责情况

投资者为了解企业资产的保值增值情况，需要将净利润与上年度进行对比，以反映企业的盈利发展趋势；需要与同行业进行对比，以反映企业在与同行业竞争时所处的位置，从而考核管理层履行责任的情况；政府部门为了了解企业的经营成果和纳税情况等，需要将资产负债表、利润表和现金流量表反映的情况与预算进行对比。所有这一切，都需要作为经济管理工作者的会计提供信息。

三、会计能做什么

会计的职能是会计在经济活动中具有的功能。会计最基本的职能是核算和监督。

（一）核算

会计的核算职能也称为反映职能，是以货币为主要计量单位，对特定主体的经济活动进行确认、计量、记录、计算和报告，从而向使用者提供信息的功能。会计核算贯穿于经济活动的全过程，核算过程也是会计的基本工作环节。

（二）监督

会计的监督职能也称为控制职能，是指会计按照管理的目的和要求，利用会计核算信息，审核经济业务的合理性、合法性、有效性，并对经济行为进行必要的干预，促使经济活动按照规定要求进行，以达到预期目的。会计监督包括事前、事中、事后监督。

核算职能是监督职能的前提和基础，核算职能为监督职能提供各种会计资料。监督职能是核算职能实现的保障。核算和监督职能相辅相成，缺一不可，共同组成了会计的基本职能。

第三章
会计基本假设与原则

一、会计基本假设

会计基本假设又称为会计基本前提，是企业组织会计工作必须具备的前提条件，是会计确认、计量和报告的前提，也是对会计核算所处时间、空间范围等做出的合理设定。

企业会计核算对象、会计核算期间、会计政策的选择、会计数据的搜集等都要以会计的基本假设为依据。会计基本假设包括会计主体、持续经营、会计分期和货币计量。

（一）会计主体

会计主体是指会计人员服务的特定单位或组织，是企业会计确认、计量和报告的空间范围。会计核算应当以一个特定独立的或相对独立的经营单位的经营活动为对象，对其本身发生的交易或事项进行会计确认、计量和报告。

会计主体不同于法律主体，会计主体可以是一个独立的法律主体，如企业法人，也可以不是一个独立的法律主体，如企业内部相对独立的核算单位、由多个企业法人组成的企业集团等。

会计主体界定了会计核算内容的空间范围，这一前提就是要明确会计提供的信息，特别是财务报表，反映的是特定会计主体的财务状况和经营成果，既不能与其他会计主体相混淆，也不能将本会计主体的会计事项遗漏或转嫁，从而实现横向可比。

（二）持续经营

持续经营是指会计主体在可以预见的未来，会按照当前的规模、状况和既定的目标持续经营下去，不会大规模削减业务，也不会停业。

企业在会计确认、计量和报告时，应当以持续、正常的生产经营活动为前提，并且确保在可预见的未来，企业的经营活动会按既定的经营方针和目标无限期延续下去，不会面临破产清算。只有这样，企业持有的资产才能按既定目标正常营运，企业负有的债务才能按既定合约条件正常偿还，会计信息的可比性等会计信息质量要求才能得到满足，会计计量的历史成本计量属性才能发挥作用，企业在信息的收集和处理上采用的会计方法才能保持稳定，会计核算才能正常进行。

例如，在市场经济条件下，企业破产清算的风险始终存在，一旦企业发生破产清算，所有以持续经营为前提的会计程序与方法就不再适用，而应当采取破产清算的会计程序和方法。

当然，任何企业也不会永久、持续地经营下去，一旦企业不具备持续经营的前提，即将或已经停业，就应当改变会计核算的原则和方法，并在企业财务报告中进行相对披露。

（三）会计分期

会计分期是指将一个持续经营的会计主体的生产经营活动期间划分为若干持续的、长短相同的期间。有了会计分期假设，会计工作中才产生了当期与其他期间的差别，权责发生制和收付实现制才有存在的基础。

会计期间分为年度和中期。以年度为会计期间通常称为会计年度，会计年度的起止时间，各个国家划分方式不尽相同。在我国，以公历 1 月 1 日至 12 月 31 日作为企业的会计年度。在年度内，再划分为月、季和半年等较短的期间，这些短于一个完整的会计年度的报告期间统称为中期。

会计分期的目的是确定每一个会计期间的收入、费用和盈亏等，据以按期结清账目，编制财务会计报告，及时向财务会计报告使用者提供有关企业财务状况、经营成果和现金流量的信息，以及达到纵向可比。

（四）货币计量

货币计量是指特定会计主体进行确认、计量和报告时，以货币为计量单位反映企业的财务状况、经营成果和现金流量的信息。

对企业经济活动的计量，存在着多种计量单位，如实物数量、货币、重量、长度、体积等。人们通常把货币以外的计量单位称为非货币性计量单位。由于各种经济活动的非货币计量单位具有不同的性质，因而在量上无法比较。为了连续、系统、全面、综合地反映企业的经营活动，会计核算客观上需要一种统一的计量单位作为会计核算的计量尺度。

在我国，会计通常以人民币为记账本位币。业务收支以人民币以外的货币为主的企业，可以选择其中一种货币作为记账本位币，但是编报的财务会计报告应当折算为人民币。在境外设立的中国企业向国内报送的财务会计报告，应当折算为人民币。

二、会计核算基础

由于存在会计期间，企业的资金实际收付期和资源实际变动期可能不一致。这样在资产、负债、收入和费用确认时，就出现了可供选择的两种制度：收付实现制和权责发生制。收付实现制是按照会计期间内实际收付的现金对相关业务进行确认、计量和报告。而权责发生制是企业应按收入、费用的权利和义务是否属于本期来确认收入、费用的入账时间。

在权责发生制下，凡是本期实现的收入和已经或应当负担的费用，不论款项是否收付，都应当作为本期的收入和费用入账；凡不属于本期的收入和费用，即使款项已经在本期收付，也不作为本期的收入和费用。

收付实现制则按照款项实际收到或付出的日期来确定收入和费用的归属期。凡是本期实现的收入和支出的费用，都应当作为本期的收入和费用入账；凡不在本期实现的收入和支出的费用，都不作为本期的收入和费用。

我国的《企业会计准则》规定，企业应当以权责发生制为基础进行会计确认、计量和报告。

三、会计信息质量要求

会计信息质量要求是对企业财务报告中所提供的会计信息质量的基本要求，是使财务报告中所提供会计信息对使用者有用所应具备的基本特征，它包括可靠性、相关性、可理解性、可比性、实质重于形式、重要性、谨慎性和及时性等。

（一）可靠性

可靠性要求企业应当以实际发生的交易或者事项为依据进行确认、计量和报告，如实反映符合确认和计量要求的各项会计要素及其他相关信息，保证会计信息真实可靠、内容完整。

会计信息要有用，必须以可靠为基础，如果财务报告所提供的会计信息是不可靠的，就会对投资者等使用者的决策产生误导甚至造成损失。

（二）相关性

相关性要求企业提供的会计信息应当与投资者等财务报告使用者的经济决策需要相关，有助于投资者等财务报告使用者对企业过去、现在或者未来的情况做出评价或者预测。

会计信息是否有用，是否具有价值，关键是看其与使用者的决策需要是否相关，是否有助于决策或者提高决策水平。

（三）可理解性

可理解性要求企业提供的会计信息清晰明了，便于财务报告使用者理解和使用。

企业编制财务报告、提供会计信息的目的在于使用，这就要求财务报告所提供的会计信息清晰明了，易于理解。只有这样，才能提高会计信息的有用性，实现财务报告的目标，满足向投资者等财务报告使用者提供对决策有用的信息的要求。对于某些复杂的信息，如交易本身较为复杂或者会计处理较为复杂，但其与使用者的经济决策相关，企业就应当在财务报告中予以充分披露。

（四）可比性

可比性要求企业提供的会计信息相互可比。这主要包括两层含义：

1. 同一企业不同时期可比

即纵向可比，便于投资者等财务报告使用者了解企业财务状况、经营成果和现金流量的变化趋势，比较企业在不同时期的财务报告信息，全面、客观地评价过去、预测未来，从而做出决策。会计信息质量的可比性要求同一企业不同时期发生的相同或者相似的交易或者事项，应当采用一致的会计政策，不得随意变更。

但是，满足会计信息可比性要求，并非表明企业不得变更会计政策，如果按照规定或者在会计政策变更后可以提供更可靠、更相关的会计信息，可以变更会计政策。有关会计政策变更的情况，应当在附注中予以说明。

2. 不同企业相同会计期间可比

即横向可比，便于投资者等财务报告使用者评价不同企业的财务状况、经营成果和现金流量及其变动情况会计信息质量的可比性要求不同企业同一会计期间发生的相同或者相似的交易或者事项，应当采用规定的会计政策，确保会计信息口径一致、相互可比，以使不同企业按照一致的确认、计量和报告要求提供有关会计信息。

（五）实质重于形式

实质重于形式要求企业按照交易或者事项的经济实质进行会计确认、计量和报告，不仅仅以交易或者事项的法律形式为依据。

企业发生的交易或事项在多数情况下，其经济实质和法律形式是一致的。但在有些情况下，会出现不一致。例如，以融资租赁方式租入的资产虽然从法律形式来讲企业并不拥有其所有权，但是由于租赁合同中规定的租赁期相当长，接近于该资产的使用寿命；租赁期结束时承租企业有优先购买该资产的选择权；在租赁期内承租企业有权支配资产并从中受益等，因此，从其经济实质来看，企业能够控制融资租入资产所创造的未来经济利益，在会计确认、计量和报告上就应当将以融资租赁方式租入的资产视为企业的资产，列入企业的资产负债表。

（六）重要性

重要性要求企业提供的会计信息应当反映与企业财务状况、经营成果和现金流量有关的所有重要交易或者事项。

重要性的应用需要依赖职业判断，企业应当根据其所处环境和实际情况加以判断。如果某项会计信息的省略或误报会影响到使用者据以做出的决策，它就具有重要性。反之，则不然。可见，重要性就像一道门槛，对众多的信息施加一种限制。

（七）谨慎性

谨慎性要求企业对交易或者事项进行会计确认、计量和报告时保持应有的谨慎，不应高估资产或者收益，也不应低估负债或者费用。

会计信息质量的谨慎性要求，需要企业在面临不确定性因素的情况下做出职业判断时，应当保持应有的谨慎，充分估计各种风险和损失，既不高估资产或者收益，也不低估负债或者费用。

谨慎性的应用也不允许企业设置秘密准备，如果企业故意低估资产或者收益，或者故意高估负债或者费用，将不符合会计信息的可靠性和相关性要求，损害会计信息质量，扭曲企业实际的财务状况和经营成果，从而对使用者的决策产生误导，这是会计准则所不允许的。

（八）及时性

及时性要求企业对于已经发生的交易或者事项，及时进行确认、计量和报告，不得提前或者延后。

会计信息的价值在于帮助所有者或者其他方面做出经济决策，具有时效性。即使是可靠、相关的会计信息，如果不及时提供，也会失去时效性，对使用者的效用就会大大降低甚至不再具有实际意义。

第四章 会计要素与会计科目

第一节 会计要素

会计要素是对会计核算对象按交易或事项的经济特征做出的基本分类，是会计核算对象的具体化。它既是会计确认和计量的依据，也是确定财务报表结构和内容的基础。

会计要素主要包括资产、负债、所有者权益、收入、费用和利润等六大要素。其中，资产、负债和所有者权益构成资产负债表的基本框架，用以反映企业的财务状况；收入、费用和利润构成利润表的基本框架，用以反映企业的经营成果。因此这六大会计要素又称财务报表要素。

一、反映财务状况的会计要素

财务状况是指企业特定日期的资产及权益情况，是资金运动相对静止时的表现。反映财务状况的会计要素包括资产、负债、所有者权益。

（一）资产

资产是指企业过去的交易或者事项形成的、由企业拥有或者控制的、预期会给企业带来经济利益的资源。

1. 资产的特征

① 资产是由企业过去的交易或事项形成的，必须是实际的资产，而不能是预期的资产，企业过去的交易或者事项包括购买、生产、建造行为或者其他交易或者事项。

② 资产是企业拥有或控制的，即企业享有某项资产的所有权，或者虽然不享有某项资产的所有权，但能够排他性地从资产中获取经济利益。

③ 预期会给企业带来经济利益，是指直接或者间接地使现金和现金等价物流入企业的潜力。

2. 资产的确认条件

将一项资源确认为资产，需要符合资产的定义，还应同时满足以下两个条件：

① 与该资源有关的经济利益很可能流入企业。

② 该资源的成本或者价值能够可靠地计量。

3. 资产的分类

资产按其流动性不同可以分为流动资产和非流动资产两类，如表 1.4.1 所示。

表 1.4.1 资产的分类

分类	特点	包括内容
流动资产	预计在一个正常营业周期中变现、出售、耗用，或者主要为交易目的而持有，或者预计在资产负债表日起一年内（含一年）变现的资产，以及自资产负债表日起一年内交换其他资产或清偿负债的能力不受限制的现金或现金等价物	库存现金、银行存款、其他货币资金、应收账款、交易性金融资产、各种存货等
非流动资产	流动资产以外的资产	长期股权投资、在建工程、固定资产、无形资产等

（二）负债

负债是指企业过去的交易或者事项形成的、预期会导致经济利益流出企业的现时义务。

1. 负债的特征

① 负债是由企业过去的交易或者事项形成的，是企业承担的现时义务，未来发生交易或者事项形成的义务，不属于现时义务，不应当确认为负债。

② 负债的清偿预期会导致经济利益流出企业。

③ 负债通常是在未来某一时日通过交付资产或提供劳务来清偿债务。

2. 负债的确认条件

将一项现实义务确认为负债，需要符合负债的定义，还应当同时满足以下两个条件：

① 与该义务有关的经济利益很可能流出企业。

② 未来流出的经济利益的金额能够可靠地计量。

3. 负债的分类

负债按其流动性不同可以分为流动负债和非流动负债，如表 1.4.2 所示。

表 1.4.2 负债的分类

分类	特点	包括内容
流动负债	预计在一个正常营业周期中清偿，或者主要为交易目的而持有，或者自资产负债表日起一年内（含一年）到期应予以清偿或者企业无权自主地将清偿推迟至资产负债表日后一年以上的负债	短期借款、应付票据、应付账款、预收账款、应付职工薪酬、应交税费、应付利息、应付股利、其他应付款等
非流动负债	流动负债以外的负债	长期借款、应付债券、长期应付款等

（三）所有者权益

所有者权益是指企业资产扣除负债后，由所有者享有的剩余权益。所有者权益是所有者对企业资产的剩余索取权，是企业资产中扣除债权人权益后应由所有者享有的部分。

1. 所有者权益的特征

① 除非发生减资、清算或分派现金股利，企业一般不需要偿还所有者权益。

② 企业清算时，只有在清偿所有的负债后，所有者权益才返还给所有者。

③ 所有者凭借所有者权益能够参与企业利润的分配。

2. 所有者权益的来源构成

所有者权益按其来源主要包括所有者投入的资本、直接计入所有者权益的利得和损失、留存收益等。通常由实收资本（或股本）、资本公积、盈余公积和未分配利润构成，如图 1.4.1 所示。

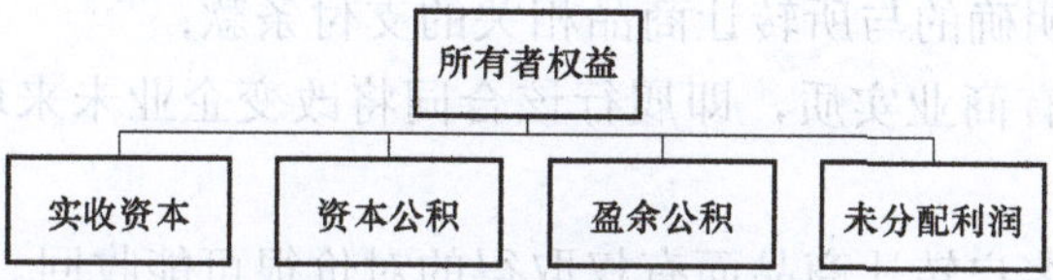

图 1.4.1 所有者权益的构成

直接计入所有者权益的利得和损失，是指不应当计入当期损益、会导致所有者权益发生增减变动、与所有者投入资本或者向所有者分配利润无关的利得或者损失。利得是指由企业非日常活动形成的、会导致所有者权益增加的、与所有者投入资本无关的经济利益的流入。损失是指由企业非日常活动发生的、会导致所有者权益减少的、与向所有者分配利润无关的经济利益的流出。

3. 所有者权益的确认条件

所有者权益体现的是所有者在企业中的剩余权益，因此，所有者权益的确认主要依赖于其他会计要素，尤其是资产和负债的确认，所有者权益金额的确定也主要取决于资产和负债的计量。

二、反映经营成果的会计要素

经营成果是企业在一定时期内从事生产经营所取得的最终成果，是资金运动显著变动状态的主要体现。反映经营成果的会计要素包括收入、费用、利润。

1. 收入

收入，是指企业在日常活动中形成的、会导致所有者权益增加的、与所有者投入资本无关的经济利益的总流入。

（1）收入的特征。

① 收入应当是企业在日常活动中形成的，日常活动是指企业为完成其经营目标所从事的经常性活动以及与之相关的活动。企业非日常活动所形成的经济利益的流入不能确认为收入，而应当计入利得。

② 收入应当会实现经济利益的流入，该流入不包括所有者投入的资本。

③ 收入应当最终会实现所有者权益的增加。

（2）收入的确认条件。

当企业与客户之间的合同同时满足下列条件时，企业应当在客户取得相关商品控制权时确认收入：

① 合同各方已批准该合同并承诺将履行各自义务；

② 该合同明确了合同各方与所转让商品或提供劳务（以下简称“转让商品”）相关的权利和义务；

③ 该合同有明确的与所转让商品相关的支付条款；

④ 该合同具有商业实质，即履行该合同将改变企业未来现金流量的风险、时间分布或金额；

⑤ 企业因向客户转让商品而有权取得的对价很可能收回。

（3）收入的分类。

收入按照经营活动的主次分为主营业务收入和其他业务收入，如图 1.4.2 所示。

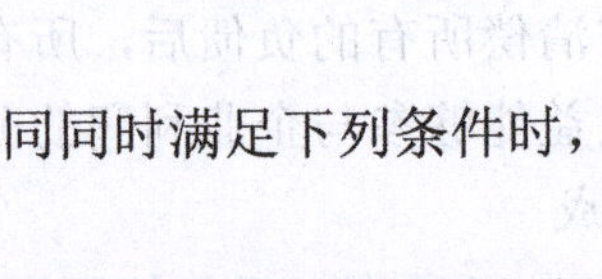

图 1.4.2　收入的分类

2. 费用

费用是指企业为销售商品、提供劳务等在日常活动中发生的、会导致所有者

权益减少的、与向所有者分配利润无关的经济利益的总流出。

（1）费用的特征。

① 费用应当是企业在日常活动中发生的，日常活动中所产生的费用通常包括销售成本、职工薪酬、折旧费、无形资产摊销费等，企业非日常活动所形成的经济利益的流出不能确认为费用，应当计入损失。

② 费用应当会导致经济利益的流出，该流出不包括向所有者分配的利润。

③ 费用最终会导致所有者权益的减少。

（2）费用的确认条件。

费用的确认除了符合定义外，还应当同时满足严格的三个条件：

① 与费用相关的经济利益很可能流出企业。

② 经济利益流出企业的结果会导致企业资产的减少或者负债的增加。

③ 经济利益的流出额能够可靠地计量。

（3）费用的分类。

工业企业一定时期的费用通常由生产成本和期间费用两部分构成，如图1.4.3 所示。

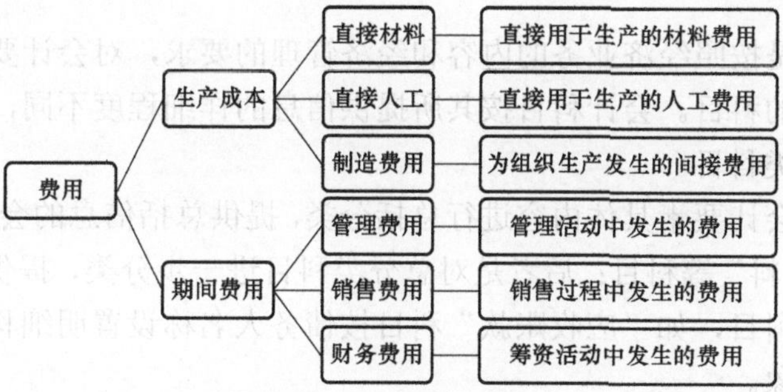

图 1.4.3　费用的分类

3. 利润

利润是指企业在一定会计期间的经营成果。利润反映企业某一时期的经营业绩，是业绩考核的重要指标。

利润包括收入减去费用后的净额、直接计入当期利润的利得和损失等。用公式可以表示为

利润＝收入－费用＋利得－损失

利得与收入都会使所有者权益增加、都是与所有者投入资本无关的经济利益的总流入，但利得是由企业非日常活动形成的，而收入是在企业日常活动中形成的。损失与费用虽然都会导致所有者权益减少、都是与向所有者分配利润无关的经济利益的总流出，但损失是企业非日常活动中发生的，而费用是企业日常活动中发生的。如图 1.4.4 所示。

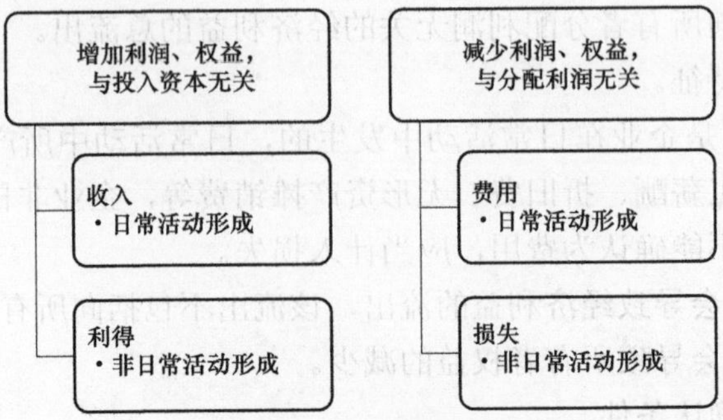

图 1.4.4 会计要素

第二节 会计科目

一、会计科目定义

会计科目是按照经济业务的内容和经济管理的要求，对会计要素的具体内容进行分类核算的科目。会计科目按其所提供信息的详细程度不同，又分为总分类科目和明细分类科目。

前者是对会计要素具体内容进行总括分类，提供总括信息的会计科目，如“应收账款”“原材料”等科目；后者是对总分类科目进一步分类，提供更详细、更具体的会计信息科目，如“应收账款”科目按债务人名称设置明细科目，反映应收账款的具体对象。

二、会计科目设置原则

会计科目作为向投资者、债权人、企业经营管理者等提供会计信息的重要手段，在其设置过程中应努力做到科学、合理、适用，应遵循下列原则：

1. 合法性原则

合法性原则是指所设置的会计科目应当符合国家统一的会计制度的规定。中国现行的统一会计制度中均对企业设置的会计科目做出规定，以保证不同企业对外提供的会计信息的可比性。企业应当参照会计制度中统一规定的会计科目，根据自身的实际情况设置会计科目，但其设置的会计科目不得违反现行会计制度的规定。对于国家统一会计制度规定的会计科目，企业可以根据自身的生产经营特点，在不影响统一会计核算要求以及对外提供统一的财务报表的前提下，自行增设、减少或合并某些会计科目。

2. 相关性原则

相关性原则是指所设置的会计科目应当为提供有关各方所需要的会计信息服务，满足对外报告与对内管理的要求。根据《企业会计准则》的规定，企业财务报告提供的信息必须满足对内对外各方面的需要，而设置会计科目必须服务于会计信息的提供，必须与财务报告的编制相协调、相关联。

3. 实用性原则

实用性原则是指所设置的会计科目应符合单位自身特点，满足单位实际需要。企业的组织形式、所处行业、经营内容及业务种类等不同，在会计科目的设置上亦应有所区别。在合法性的基础上，企业应根据自身特点，设置符合企业需要的会计科目。

会计科目作为会计要素分类核算的项目，要求简单明确、字义相符、通俗易懂。同时，企业对每个会计科目所反映的经济内容也必须做到界限明确，既要避免不同会计科目所反映的内容重叠的现象，也要防止全部会计科目未能涵盖企业某些经济内容的现象。

三、会计科目简表

会计科目的设置一般是从会计要素出发，将其分为资产、负债、共同、所有者权益、成本和损益六大类。参照我国《企业会计准则——应用指南》，企业会计科目的设置如表 1.4.3 所示。

表 1.4.3　会计科目参照表

序号	编号	名称	序号	编号	名称
一、资产类			11	1241	坏账准备
1	1001	库存现金	12	1401	材料采购
2	1002	银行存款	13	1402	在途物资
3	1012	其他货币资金	14	1403	原材料
4	1101	交易性金融资产	15	1404	材料成本差异
5	1121	应收票据	16	1406	库存商品
6	1122	应收账款	17	1407	发出商品
7	1123	预付账款	18	1410	商品进销差价
8	1131	应收股利	19	1411	委托加工物资
9	1132	应收利息	20	1412	周转材料
10	1231	其他应收款	21	1461	存货跌价准备

续表

序号	编号	名称	序号	编号	名称
22	1521	持有至到期投资	53	2411	预计负债
23	1522	持有至到期投资减值准备	54	2501	递延收益
24	1523	可供出售金融资产	55	2601	长期借款
25	1524	长期股权投资	56	2602	长期债券
26	1525	长期股权投资减值准备	57	2801	长期应付款
27	1526	投资性房地产	58	2802	未确认融资费用
28	1531	长期应收款	59	2811	专项应付款
29	1541	未实现融资收益	60	2901	递延所得税负债
30	1601	固定资产		三、共同类	
31	1602	累计折旧	61	3101	衍生工具
32	1603	固定资产减值准备	62	3201	套期工具
33	1604	在建工程	63	3202	被套期项目
34	1605	工程物资		四、所有者权益类	
35	1606	固定资产清理	64	4001	实收资本
36	1701	无形资产	65	4002	资本公积
37	1702	累计摊销	66	4101	盈余公积
38	1703	无形资产减值准备	67	4103	本年利润
39	1711	商誉	68	4104	利润分配
40	1801	长期待摊费用	69	4201	库存股
41	1811	递延所得税资产		五、成本类	
42	1901	待处理财产损溢	70	5001	生产成本
	二、负债类		71	5101	制造费用
43	2001	短期借款	72	5201	劳务成本
44	2101	交易性金融负债	73	5301	研发支出
45	2201	应付票据		六、损益类	
46	2202	应付账款	74	6001	主营业务收入
47	2205	预收账款	75	6051	其他业务收入
48	2211	应付职工薪酬	76	6101	公允价值变动损益
49	2221	应交税费	77	6111	投资收益
50	2231	应付股利	78	6301	营业外收入
51	2232	应付利息	79	6401	主营业务成本
52	2241	其他应付款	80	6402	其他业务成本

续表

序号	编号	名称	序号	编号	名称
81	6405	税金及附加	85	6701	资产减值损失
82	6601	销售费用	86	6711	营业外支出
83	6602	管理费用	87	6801	所得税
84	6603	财务费用	88	6901	以前年度损益调整

【备注】

为了适应社会主义市场经济发展需要，进一步完善《企业会计准则》体系，提高企业合并财务报表质量，财政部于 2014 年 2 月 17 日印发了《企业会计准则第 33 号——合并财务报表》修订版（财会〔2014〕10 号），并规定自 2014 年 7 月 1 日起在所有执行《企业会计准则》的企业范围内施行，鼓励在境外上市的企业提前执行。2006 年 2 月 15 日发布的原准则（财会〔2006〕3 号）同时废止。

以下是新会计准则常用会计科目表经典注释：

期初：（期初）资产=（期初）负债+（期初）所有者权益

期内：资产（变动）+费用（发生）=负债（变动）+所有者权益（变动）+收入（取得）

期末：（期末）资产=（期末）负债+（期末）所有者权益

资产类：

1001，库存现金：企业的库存现金。企业有内部周转使用备用金的，可以单独设置“备用金”科目。期末借方余额，反映企业持有的库存现金。

1002，银行存款：企业存入银行或者其他金融机构的各种款项。银行汇票存款、银行本票存款、信用卡存款、信用证保证金存款、存出投资款、外埠存款等，在“其他货币资金”科目核算。期末借方余额，反映企业存在银行或者其他金融机构的各种款项。

1012，其他货币资金：企业的银行汇票存款、银行本票存款、信用卡存款、信用证保证金存款、存出投资款、外埠存款等其他货币资金。期末借方余额，反映企业持有的其他货币资金。

1101，交易性金融资产：企业为交易目的所持有的债券投资、股票投资、基金投资等交易性金融资产的公允价值。企业持有的直接指定为以公允价值计量且其变动计入当期损益的金融资产，也在本科目核算。期末借方余额，反映企业持有的交易性金融资产的公允价值。

1121，应收票据：企业因销售商品、提供劳务等而收到的商业汇票，包括银行承兑汇票、商业承兑汇票。期末借方余额，反映企业持有的商业汇票的票面金额。

1122，应收账款：企业因销售商品、提供劳务等经营活动而应该收取的款项。因销售商品、提供劳务等而采用递延方式收取合同或者协议价款，实质上具有融资性质，在“长期应收款”科目核算。期末借方余额，反映企业尚未收回的应收账款；期末贷方余额，反映企业预收的账款。

1123，预付账款：企业按照合同规定预付的款项。预付款项情况不多的，也可以不设置本科目，将预付的款项直接计入“应付账款”科目。企业因进行在建工程而预付的工程价款，也在本科目核算。期末借方余额，反映企业预付的款项；期末贷方余额，反映企业尚未补付的款项。

1131，应收股利：企业应该收取的现金股利或者其他单位分配的利润。期末借方余额，反映企业尚未收回的现金股利或者利润。

1132，应收利息：企业的交易性金融资产、持有至到期投资、可供出售金融资产等应该收取的利息。企业购入的一次还本付息的持有至到期投资在持有期间所取得的利息，在“持有至到期投资”科目核算。期末借方余额，反映企业尚未收回的利息。

1231，其他应收款：企业除应收票据、应收账款、预付账款、应收股利、应收利息、长期应收款等以外的其他各种应收、暂付的款项。期末借方余额，反映企业尚未收回的其他应收款项。

1241，坏账准备：企业应收款项的坏账准备。期末贷方余额，反映企业已计提但尚未转销的坏账准备。

1321，代理业务资产：企业因不承担风险的代理业务而形成的资产，包括受托理财业务进行的证券投资和受托贷款等。企业采用收取手续费方式受托代销的商品，可以将本科目改为“1321，受托代销商品”科目。期末借方余额，反映企业代理业务资产的价值。

1401，材料采购：企业采用计划成本进行材料日常核算而购入的材料的采购成本。因采用实际成本进行材料日常核算而购入的材料的采购成本，在“在途物资”科目核算。委托外单位加工材料、商品的加工成本，在“委托加工物资”科目核算。购入的工程用材料，在“工程物资”科目核算。期末借方余额，反映企业在途材料的采购成本。

1402，在途物资：企业采用实际成本（或者进价）进行材料、商品等物资的日常核算，货款已付但尚未验收入库的在途物资的采购成本。期末借方余额，反映企业在途材料、商品等物资的采购成本。

1403，原材料：企业库存的各种材料，包括原料及主要材料、辅助材料、外购半成品（外购件）、修理用备件（备品备件）、包装材料、燃料等的计划成本或者实际成本。收到来料加工装配业务的原料、零件等，应当设置备查簿进行登记。期末借方余额，反映企业库存材料的计划成本或者实际成本。

1404，材料成本差异：企业采用计划成本进行日常核算的材料的计划成本与实际成本的差额。企业也可以在“原材料”“周转材料”等科目设置“成本差异”明细科目。期末借方余额，反映企业库存材料等的实际成本大于计划成本的差额；期末贷方余额，反映企业库存材料等的实际成本小于计划成本的差额。

1405，库存商品：企业库存的各种商品的实际成本（或者进价）或者计划成本（或者售价），包括库存产成品、外购商品、存放在门市部准备出售的商品、发出展览的商品以及寄存在外的商品等。收到来料加工制造的代制品、为外单位加工修理的代修品，在制造、修理完成而且验收入库之后，视同企业的产成品，也通过本科目核算。期末借方余额，反映企业库存商品的实际成本（或者进价）或者计划成本（或者售价）。

1406，发出商品：企业未满足收入确认条件但已经发出的商品的实际成本（或者进价）或者计划成本（或者售价）。采用支付手续费方式委托其他单位代销的商品，也可以单独设置“委托代销商品”科目。期末借方余额，反映企业发出的商品的实际成本（或者进价）或者计划成本（或者售价）。

1407，商品进销差价：企业采用售价进行日常核算的商品的售价与进价之间的差额。期末贷方余额，反映企业库存商品的进销差价。

1408，委托加工物资：企业委托外单位加工的各种材料、商品等物资的实际成本。期末借方余额，反映企业委托外单位加工但尚未完成的物资的实际成本。

1411，周转材料：企业周转材料的计划成本或者实际成本，包括包装物、低值易耗品，以及企业（建造承包商）的钢模板、木模板、脚手架等。企业的包装物、低值易耗品，也可以单独设置“包装物”“低值易耗品”科目。期末借方余额，反映企业在库周转材料的计划成本或者实际成本以及在用周转材料的摊余价值。

1461，融资租赁资产：企业（租赁）为开展融资租赁业务而取得的资产的成本。期末借方余额，反映企业融资租赁资产的成本。

1471，存货跌价准备：企业存货的跌价准备。期末贷方余额，反映企业已计提但尚未转销的存货跌价准备。

1501，持有至到期投资：企业持有至到期投资的摊余成本。期末借方余额，反映企业持有至到期投资的摊余成本。

1502，持有至到期投资减值准备：企业持有至到期投资的减值准备。期末贷方余额，反映企业已计提但尚未转销的持有至到期投资减值准备。

1503，可供出售金融资产：企业持有的可供出售金融资产的公允价值，包括可供出售的股票投资、债券投资等金融资产。可供出售金融资产发生减值的，可以单独设置“可供出售金融资产减值准备”科目。期末借方余额，反映企业可供出售金融资产的公允价值。

1511，长期股权投资：企业持有的采用成本法和权益法核算的长期股权投资。期末借方余额，反映企业长期股权投资的价值。

1512，长期股权投资减值准备：企业长期股权投资的减值准备。期末贷方余额，反映企业已计提但尚未转销的长期股权投资减值准备。

1521，投资性房地产：企业采用成本模式计量的投资性房地产的成本。企业采用公允价值模式计量投资性房地产的，也通过本科目核算。采用成本模式计量的投资性房地产的累计折旧或者累计摊销，可以单独设置“投资性房地产累计折旧（摊销）”科目，比照“累计折旧”等科目进行处理。采用成本模式计量的投资性房地产发生减值的，可以单独设置“投资性房地产减值准备”科目，比照“固定资产减值准备”等科目处理。期末借方余额，反映企业采用成本模式计量的投资性房地产的成本或者采用公允价值模式计量的投资性房地产的公允价值。

1531，长期应收款：企业的长期应收款项，包括融资租赁产生的应收款项、采用递延方式且有融资性质的销售商品和提供劳务等产生的应收款项等。实质上构成对被投资单位净投资的长期权益，也通过本科目核算。期末借方余额，反映企业尚未收回的长期应收款。

1532，未实现融资收益：企业分期计入租赁收入或者利息收入的未实现融资收益。期末贷方余额，反映企业尚未转入当期收益的未实现融资收益。

1601，固定资产：企业持有的固定资产的原价。建造承包商的临时设施，以及企业购置计算机硬件所附带的、未单独计价的软件，也通过本科目核算。期末借方余额，反映企业固定资产的原价。

1602，累计折旧：企业固定资产的累计折旧。期末贷方余额，反映企业固定资产的累计折旧额。

1603，固定资产减值准备：企业固定资产的减值准备。期末贷方余额，反映企业已计提但尚未转销的固定资产减值准备。

1604，在建工程：企业的基建、更新改造等在建工程发生的支出。在建工程发生减值的，可以单独设置“在建工程减值准备”科目，比照“固定资产减值准备”科目进行处理。期末借方余额，反映企业尚未达到预定可使用状态的在建工程的成本。

1605，工程物资：企业为在建工程准备的各种物资的成本，包括工程用材料、尚未安装的设备以及为生产准备的工器具等。工程物资发生减值的，可以单独设置“工程物资减值准备”科目，比照“固定资产减值准备”科目进行处理。期末借方余额，反映企业为在建工程准备的各种物资的成本。

1606，固定资产清理：企业因出售、报废、毁损、对外投资、非货币性资产交换、债务重组等原因而转出的固定资产的价值以及在清理过程中发生的费用等。期末借方余额，反映企业尚未清理完毕的固定资产清理净损失。

1611，未担保余值：企业（租赁）采用融资租赁方式租出资产的未担保余值。未担保余值发生减值的，可以单独设置“未担保余值减值准备”科目。期末借方余额，反映企业融资租出资产的未担保余值。

1701，无形资产：企业持有的无形资产的成本，包括专利权、非专利技术、商标权、著作权、土地使用权等。期末借方余额，反映企业无形资产的成本。

1702，累计摊销：企业对使用寿命有限的无形资产计提的累计摊销。期末贷方余额，反映企业无形资产的累计摊销额。

1703，无形资产减值准备：企业无形资产的减值准备。期末贷方余额，反映企业已计提但尚未转销的无形资产减值准备。

1711，商誉：企业合并中形成的商誉的价值。商誉发生减值的，可以单独设置“商誉减值准备”科目，比照“无形资产减值准备”科目进行处理。期末借方余额，反映企业商誉的价值。

1801，长期待摊费用：企业已经发生但应该由本期和以后各期负担的分摊期限一年以上的各项费用，如以经营租赁方式租入的固定资产发生的改良支出等。期末借方余额，反映企业尚未摊销完毕的长期待摊费用。

1811，递延所得税资产：企业确认的可抵扣暂时性差异所产生的递延所得税资产。期末借方余额，反映企业确认的递延所得税资产。

1901，待处理财产损溢：企业在清查财产的过程中查明的各种财产盘盈、盘亏、毁损的价值。物资在运输途中发生的非正常短缺与损耗，也通过本科目核算。企业如果有盘盈固定资产的，应该作为前期差错记入“以前年度损益调整”科目。本科目在期末结账前处理完毕，无余额。

负债类：

2001，短期借款：企业向银行或者其他金融机构等借入的期限一年以下（含一年）的各种借款。期末贷方余额，反映企业尚未偿还的短期借款。

2101，交易性金融负债：企业承担的交易性金融负债的公允价值。企业持有的直接指定为以公允价值计量且其变动计入当期损益的金融负债，也在本科目核算。期末贷方余额，反映企业承担的交易性金融负债的公允价值。

2201，应付票据：企业因购买材料、商品和接受劳务供应等而开出、承兑的商业汇票，包括银行承兑汇票、商业承兑汇票。期末贷方余额，反映企业尚未到期的商业汇票的票面金额。

2202，应付账款：企业因购买材料、商品和接受劳务等经营活动而应该支付的款项。期末贷方余额，反映企业尚未支付的应付账款余额。

2203，预收账款：企业按照合同规定预收的款项。预收账款情况不多的，也可以不设置本科目，将预收的款项直接计入“应收账款”科目。期末贷方余额，反映企业预收的款项；期末借方余额，反映企业尚未转销的款项。

2211，应付职工薪酬：企业根据有关规定应该付给职工的各种薪酬。企业（外商）按规定从净利润中提取的职工奖励及福利基金，也在本科目核算。期末贷方余额，反映企业应付未付的职工薪酬。

2221，应交税费：企业按照税法等规定计算应交纳的各种税费，包括增值税、营业税、消费税、所得税、资源税、土地增值税、城市维护建设税、房产税、土地使用税、车船使用税、教育费附加、矿产资源补偿费等。企业代扣代交的个人所得税等，也通过本科目核算。期末贷方余额，反映企业尚未交纳的税费；期末借方余额，反映企业多交或者尚未抵扣的税费。

2231，应付股利：企业分配的现金股利或者利润。期末贷方余额，反映企业应付未付的现金股利或者利润。

2232，应付利息：企业按照合同约定应该支付的利息，包括吸收存款、分期付息到期还本的长期借款、企业债券等。期末贷方余额，反映企业应付未付的利息。

2241，其他应付款：企业除应付票据、应付账款、预收账款、应付职工薪酬、应付利息、应付股利、应交税费、长期应付款等以外的其他各项应付、暂收的款项。期末贷方余额，反映企业应付未付的其他应付款项。

2314，代理业务负债：企业因不承担风险的代理业务而收到的款项，包括受托投资资金、受托贷款资金等。企业采用收取手续费方式收到的代销商品款，可将本科目改为“2314，受托代销商品款”科目。期末贷方余额，反映企业收到的代理业务资金。

2401，递延收益：企业确认的应该在以后期间计入当期损益的政府补助。期末贷方余额，反映企业应该在以后期间计入当期损益的政府补助。

2501，长期借款：企业向银行或者其他金融机构借入的期限一年以上（不含一年）的各项借款。期末贷方余额，反映企业尚未偿还的长期借款。

2502，应付债券：企业为筹集（长期）资金而发行的债券的本金和利息。企业发行的可转换公司债券，应该将负债和权益成分进行分拆，分拆后形成的负债成分在本科目核算。期末贷方余额，反映企业尚未偿还的长期债券摊余成本。

2701，长期应付款：企业除长期借款和应付债券以外的其他各种长期应付款项，包括应付融资租入固定资产的租赁费、以分期付款方式购入固定资产等发生的应付款项等。期末贷方余额，反映企业应付未付的长期应付款项。

2702，未确认融资费用：企业应当分期计入利息费用的未确认融资费用。期末借方余额，反映企业未确认融资费用的摊余价值。

2711，专项应付款：企业取得政府作为企业所有者投入的具有专项或者特定用途的款项。期末贷方余额，反映企业尚未转销的专项应付款。

2801，预计负债：企业确认的对外提供担保、未决诉讼、产品质量保证、重组义务、亏损性合同等预计负债。期末贷方余额，反映企业已确认但尚未支付的预计负债。

2901，递延所得税负债：企业确认的应纳税暂时性差异产生的所得税负债。期末贷方余额，反映企业已确认的递延所得税负债。

所有者权益类：

4001，实收资本：企业收到的投资者投入的实收资本。股份有限公司应该将本科目改为“4001，股本”科目。企业收到的投资者的出资超过其在注册资本或者股本中所占份额的部分，作为资本溢价或者股本溢价，在“资本公积”科目核算。期末贷方余额，反映企业实收资本或者股本的金额。

4002，资本公积：企业收到的投资者的出资额超出其在注册资本或者股本中所占份额的部分。直接计入所有者权益的利得和损失，也通过本科目核算。期末贷方余额，反映企业的资本公积。

4101，盈余公积：企业从净利润中提取的盈余公积。期末贷方余额，反映企业的盈余公积。

4103，本年利润：企业当期实现的净利润（或者发生的净亏损）。年度终了，余额转入“利润分配”科目，无余额。

4104，利润分配：企业利润的分配（或者亏损的弥补）和历年分配（或者弥补）后的余额。年度终了，“利润分配——未分配利润”科目的余额，反映企业的未分配利润（或者未弥补亏损）。

4201，库存股：企业收购、转让或者注销的本公司的股份的金额。期末借方余额，反映企业持有的尚未转让或者注销的本公司的股份的金额。

成本类：

5001，生产成本：企业因进行工业性生产而发生的各项生产成本，包括生产各种产品（产成品、自制半成品等）、自制材料、自制工具、自制设备等。期末借方余额，反映企业尚未加工完成的在产品的成本。

5101，制造费用：企业生产车间（部门）为生产产品和提供劳务而发生的各项间接费用。企业行政管理部门为组织和管理生产经营活动而发生的管理费用，在“管理费用”科目核算。本科目分配计入有关成本核算对象，期末无余额。

5201，劳务成本：企业因对外提供劳务而发生的成本。期末借方余额，反映企业尚未完成或者尚未结转的劳务成本。

5301，研发成本：企业进行研究与开发无形资产过程中发生的各项支出。期末借方余额，反映企业正在进行的无形资产研究开发项目满足资本化条件的支出。

损益类：

6001，主营业务收入：企业确认的销售商品、提供劳务等主营业务实现的收入。期末，余额转入“本年利润”，无余额。

6041，租赁收入：企业（租赁）确认的租赁收入。期末，余额转入“本年利润”科目，无余额。

6051，其他业务收入：企业确认的除主营业务活动以外的其他经营活动实现的收入，包括出租固定资产、出租无形资产、出租包装物和商品、销售材料、用材料进行非货币性交换（非货币性资产交换具有商业实质且公允价值能够可靠计量）或者债务重组等实现的收入。期末，余额转入“本年利润”科目，无余额。

6101，公允价值变动损益：企业交易性金融资产、交易性金融负债，以及采用公允价值模式计量的投资性房地产、衍生工具、套期保值业务等的公允价值变动而形成的应计入当期损益的利得或者损失。指定为以公允价值计量且其变动计入当期损益的金融资产或者金融负债的公允价值变动形成的应计入当期损益的利得或者损失，也在本科目核算。期末，余额转入“本年利润”科目，无余额。

6111，投资收益：企业确认的投资收益或者投资损失。期末，余额转入“本年利润”科目，无余额。

6301，营业外收入：企业发生的各项营业外收入，主要包括非流动资产处置利得、非货币性资产交换利得、债务重组利得、政府补助、盘盈利得、捐赠利得等。期末，余额转入“本年利润”科目，无余额。

6401，主营业务成本：企业确认销售商品、提供劳务等主营业务收入时应结转的成本。期末，余额转入“本年利润”科目，无余额。

6402，其他业务成本：企业确认的除主营业务活动以外的其他经营活动所发生的支出，包括销售材料的成本、出租固定资产的折旧额、出租无形资产的摊销额、出租包装物的成本或者摊销额等。除主要业务活动以外的其他经营活动发生的相关税费，在“营业税金及附加”科目核算。采用成本模式计量投资性房地产的，其投资性房地产计提的折旧额或者摊销额，也通过本科目核算。期末，余额转入“本年利润”科目，无余额。

6403，税金及附加：企业经营活动应负担的相关税费，包括消费税、城市维护建设税、教育费附加、资源税、房产税、城镇土地使用税、车船税、印花税等。期末，余额转入“本年利润”科目，无余额。

6601，销售费用：企业销售商品和材料、提供劳务的过程中发生的各种费用，包括保险费、包装费、展览费和广告费、商品维修费、预计产品质量保证损失、运输费、装卸费等以及为销售本企业商品而专设的销售机构（含销售网点、售后服务网点等）的职工薪酬、业务费、折旧费等经营费用。企业发生的与专设销售机构相关的固定资产修理费用的后续支出，也在本科目核算。期末，余额转入“本年利润”科目，无余额。

6602，管理费用：企业为组织和管理生产经营所发生的管理费用，包括企业在筹建期间内发生的开办费、董事会和行政管理部门在企业的经营管理中发生的或者应该由企业统一负担的公司经费（包括行政管理部门职工工资及福利费、物料消耗、低值易耗品摊销、办公费和差旅费等）、工会经费、董事会费（包括董事会成员津贴、会议费和差旅费等）、聘请中介机构费、咨询费（含顾问费）、诉讼费、业务招待费、技术转让费、矿产资源补偿费、研究费用、排污费等。企业（商品流通）管理费用不多的，可以不设置本科目，本科目的核算内容可以并入“销售费用”科目核算。企业生产车间（部门）和行政管理部门等发生的固定资产修理费用等后续支出，也在本科目核算。期末，余额转入“本年利润”科目，无余额。

6603，财务费用：企业为筹集生产经营所需资金等而发生的筹资费用，包括利息支出（减利息收入）、汇兑损益以及相关的手续费、企业发生的现金折扣或者收到的现金折扣等。为购建或者生产资产而发生的借款费用，若满足资本化条件，应予以资本化，在“在建工程”“制造费用”等科目核算。期末，余额转入“本年利润”科目，无余额。

6701，资产减值损失：企业因计提各项资产减值准备所形成的损失。期末，余额转入“本年利润”科目，无余额。

6711，营业外支出：企业发生的各项营业外支出，包括非流动资产处置损失、非货币性资产交换损失、债务重组损失、公益性捐赠支出、非常损失、盘亏损失等。期末，余额转入“本年利润”科目，无余额。

6801，所得税费用：企业确认的应该从当期利润总额中扣除的所得税费用。期末，余额转入“本年利润”科目，无余额。

6901，以前年度损益调整：企业本年度发生的调整以前年度损益的事项以及本年度发现的重要前期差错更正涉及调整以前年度损益的事项。期末，余额转入“本年利润”科目，无余额。

第五章
会计报表

案例导入

张海是一名即将毕业的大学生，他来到光大股份有限公司实习。他的指导师傅李文告诉他，财务报表是有关企业财务状况和经营成果的单项原始数据按照规定的项目和排列顺序所做的集合，目的是向他人提供决策所需的财务信息和经济信息，然而这些单项数据不经过比较分析，就其本身来说并无多大意义。

张海却认为会计工作就是填制凭证、登记账簿、编制报表，报表只是会计工作的一个流程，是堆砌会计数据的一个场所而已，编完报表，会计工作就结束了。李文觉得张海的观点很幼稚，报表编制本身简单，但透过报表数据本身，发现报表后面隐藏的信息才是重要的。

李文说的对吗？张海带着疑惑开始了他的实习生涯。

案例思考

1. 财务报表的作用是什么？
2. 财务报表是怎么编制出来的？

一、财务报表概述

（一）财务报表的含义

《企业会计准则——基本准则》和《企业会计准则第 30 号——财务报表列报》中，规范了“财务报表”的概念，明确了财务报表的组成及列报要求。

财务报表是对企业财务状况、经营成果和现金流量的结构性表述。财务报表至少应当包括下列组成部分：资产负债表、利润表、现金流量表、所有者权益（或股东权益）变动表和附注。

（二）财务报表的作用

财务报表是指在日常会计核算资料的基础上，按照规定的格式、内容和方法定期编制的，综合反映企业某一特定日期财务状况和某一特定时期经营成果、现金流量状况的书面文件。

财务报表是财务报告的主要组成部分，它所提供的会计信息具有重要作用，主要体现在以下几个方面：

（1）全面系统地揭示企业一定时期的财务状况、经营成果和现金流量，有利于经营管理人员和决策者了解本单位各项任务指标的完成情况，评价管理人员的经营业绩，以便及时发现问题，调整经营方向，采取措施改善经营管理水平，提高经济效益，为经济预测和决策提供依据。

（2）有利于国家经济管理部门了解国民经济的运行状况。通过对各单位提供的财务报表资料进行汇总和分析，了解和掌握各行业、各地区的经济发展情况，以便宏观调控经济运行，优化资源配置，保证国民经济稳定持续发展。

（3）有利于投资者、债权人和其他有关各方掌握企业的财务状况、经营成果和现金流量情况，进而分析企业的盈利能力、偿债能力、投资收益、发展前景等，为他们投资、贷款和贸易提供决策依据。

（4）有利于满足财政、税务、工商、审计等部门监督企业经营管理。通过财务报表可以检查、监督各企业是否遵守国家的各项法律、法规和制度，有无偷税漏税的行为。

二、财务报表的种类

按照不同标准，财务报表有不同的分类。

（1）根据财务报表使用人的不同，可以分为对外财务报表和内部报表。

对外财务报表就是企业必须定期编制，定期向上级主管部门、投资者、财税部门等报送或按规定向社会公布的财务报表。这是一种主要的、定期的、规范化的财务报表。它要求有统一的报表格式、指标体系和编制时间等，资产负债表、利润表和现金流量表等均属于对外财务报表。

内部报表是企业根据其内部经营管理的需要而编制的，供其内部管理人员使用的财务报表。它不要求统一格式，没有统一的指标体系，如成本报表属于内部报表。

（2）根据财务报表所提供信息的内容及其重要性分为主表和附表。

主表即主要财务报表，是指所提供的会计信息比较全面、完整，能基本满足各种信息需要者的不同要求的财务报表。现在我们常用的主表有三张：资产负债表、利润表和现金流量表。

附表即从属报表，也可称为附加表，是对主表中无法详细反映的一些重要信息所做的补充说明。如：资产负债表，它是反映企事业单位在某一特定时点（月末，季末，年末）财务状况的报表，为了更详细、全面地反映财务状况，就有了应交增值税明细表和资产减值准备明细表作为资产负债表的附表；而利润分配表和分部报表，是利润表的附表。

主表反映企业的主要财务状况、经营成果和现金流量，附表则对主表进一步提供补充说明。

（3）按编制和报送的时间分类，可分为中期财务报表和年度财务报表。

中期财务报表。广义的中期财务报表包括月份、季度、半年期财务报表。狭义的中期财务报表仅指半年期财务报表。

年度财务报表是全面反映企业整个会计年度的经营成果、现金流量情况及年末财务状况的财务报表。企业每年年底必须编制并报送年度财务报表。

（4）按编报单位不同，分为基层财务报表和汇总财务报表。

基层财务报表是由独立核算的基层单位编制的财务报表，是用以反映本单位财务状况和经营成果的报表。

汇总财务报表是指上级和主管部门将本身的财务报表与其所属单位报送的基层财务报表汇总编制而成的财务报表。

（5）按照编报的时间，分为月报、季报和年报。

（6）按照报表的会计主体，分为个体会计报表和合并会计报表。

三、财务报表的结构

通常一张财务报表包括三部分：表头、表体和表尾。其中，表头包括报表的标题、报表的编号、编表单位名称、编制日期、计量单位等内容。表体是财务报表的主要内容，包括报表项目、金额等内容。表尾位于财务报表的底部，包括制表人、附注等内容。

一般企业财务报表格式（适用于尚未执行新金融准则和新收入准则的企业）如表 1.5.1、表 1.5.2、表 1.5.3 所示。

表 1.5.1 资产负债表

会企 01 表

编制单位：　　　　年　月　日　　　　单位：元

资产	年初余额	期末余额	负债和所有者权益（或股东权益）	年初余额	期末余额
流动资产：			流动负债：		

续表

资产	年初余额	期末余额	负债和所有者权益（或股东权益）	年初余额	期末余额
货币资金			短期借款		
以公允价值计量且其变动计入当期损益的金融资产			以公允价值计量且其变动计入当期损益的金融负债		
衍生金融资产			衍生金融负债		
应收票据及应收账款			应付票据及应付账款		
预付款项			预收款项		
其他应收款			应付职工薪酬		
存货			应交税费		
持有待售资产			其他应付款		
一年内到期的非流动资产			持有待售负债		
其他流动资产			一年内到期的非流动负债		
流动资产合计			其他流动负债		
非流动资产：			流动负债合计		
可供出售金融资产			非流动负债：		
持有至到期投资			长期借款		
长期应收款			应付债券		
			其中：优先股		
长期股权投资			永续债		
投资性房地产			长期应付款		
固定资产			预计负债		
在建工程			递延收益		
工程物资			递延所得税负债		
生产性生物资产			其他非流动负债		
油气资产			非流动负债合计		
无形资产			负债合计		
开发支出			所有者权益（或股东权益）：		
商誉			实收资本（或股本）		
长期待摊费用			其他权益工具		
递延所得税资产			资本公积		

续表

资产	年初余额	期末余额	负债和所有者权益（或股东权益）	年初余额	期末余额
其他非流动资产			减：库存股		
非流动资产合计			其他综合收益		
			盈余公积		
			未分配利润		
			所有者权益（或股东权益）合计		
资产总计			负债和所有者权益（或股东权益）合计		

企业负责人： 会计： 制表人：

表 1.5.2 利润表

会企 02 表

编制单位： 年 月 单位：元

项 目	本期金额	上期金额
一、营业收入		
减：营业成本		
税金及附加		
销售费用		
管理费用		
研发费用		
财务费用		
其中：利息费用		
利息收入		
资产减值损失		
加：其他收益		
投资收益（损失以“–”号填列）		
其中：对联营企业和合营企业的投资收益		
公允价值变动收益（损失以“–”号填列）		
资产处置收益（损失以“–”号填列）		
二、营业利润（亏损以“–”号填列）		
加：营业外收入		
减：营业外支出		
三、利润总额（亏损总额以“–”号填列）		

续表

项　　目	本期金额	上期金额
减：所得税费用		
四、净利润（净亏损以“-”号填列）		
（一）持续经营净利润（净亏损以“-”号填列）		
（二）终止经营净利润（净亏损以“-”号填列）		
五、其他综合收益的税后净额		
（一）不能重分类进损益的其他综合收益		
1. 重新计量设定受益计划变动额		
2. 权益法下不能转损益的其他综合收益		
……		
（二）将重分类进损益的其他综合收益		
1. 权益法下可转损益的其他综合收益		
2. 可供出售金额资产公允价值变动损益		
3. 持有至到期投资重分类为可供出售金额资产损益		
4. 现金流量套期损益的有效部分		
5. 外币财务报表折算差额		
……		
六、综合收益总额		
七、每股收益：		
（一）基本每股收益		
（二）稀释每股收益		

企业负责人：　　　　　　　　　　会计：　　　　　　　　　　制表人：

表 1.5.3　现金流量表

会企 03 表

编制单位：　　　　　　　　　　年　　月　　　　　　　　　　单位：元

项目	行次	金额	补充资料	行次	金额
经营活动产生的现金流量：			1. 将净利润调节为经营活动现金流量：		
出售商品、提供劳务收到的现金	1		净利润	57	
收到的税费返还	3		加：计提的资产减值准备	58	
收到的其他与经营活动有关的现金	8		固定资产折旧	59	
现金流入小计	9		无形资产摊销	60	

续表

项目	行次	金额	补充资料	行次	金额
购买商品、接受劳务支付的现金	10		长期待摊费用摊销	61	
支付给职工以及为职工支付的现金	12		待摊费用减少（减：增加）	64	
支付的各项税费	13		预提费用增加（减：减少）	65	
支付的其他与经营活动有关的现金	18		处置固定资产、无形资产和其他长期资产的损失（减：收益）	66	
现金流出小计	20		固定资产报废损失	67	
经营活动产生的现金流量净额	21		财务费用	68	
投资活动产生的现金流量：			投资损失（减：收益）	69	
收回投资所收到的现金	22		递延税款贷项（减：借项）	70	
取得投资收益所收到的现金	23		存货的减少（减：增加）	71	
处置固定资产、无形资产和其他长期资产所收回的现金净额	25		经营性应收项目的减少（减：增加）	72	
收到的其他与投资活动有关的现金	28		经营性应付项目的增加（减：减少）	73	
现金流入小计	29		其他	74	
购建固定资产、无形资产和其他长期资产所支付的现金	30		经营活动产生的现金流量净额	75	
投资所支付的现金	31				
支付的其他与投资活动有关的现金	35				
现金流出小计	36				
投资活动产生的现金流量净额	37		2. 不涉及现金收支的投资和筹资活动：		
筹资活动产生的现金流量：			债务转为资本	76	
吸收投资所收到的现金	38		一年内到期的可转换公司债券	77	
借款所收到的现金	40		融资租入固定资产	78	
收到的其他与筹资活动有关的现金	43				
现金流入小计	44				
归还债务所支付的现金	45				
分配股利、利润或偿付利息所支付的现金	46		3. 现金及现金等价物净增加情况：		
支付的其他与筹资活动有关的现金	52		现金的期末余额	79	
现金流出小计	53		减：现金的期初余额	80	

续表

项目	行次	金额	补充资料	行次	金额
筹资活动产生的现金流量净额	54		加：现金等价物的期末余额	81	
汇率变动对现金的影响	55		减：现金等价物的期初余额	82	
现金及现金等价物净增加额	56		现金及现金等价物净增加额	83	

企业负责人： 会计： 制表人：

拓展知识

一、资产负债表

（一）资产负债表的特征

资产负债表是一张反映某一特定时点财务状况的财务报表，而不是反映某一特定日期的财务报表。从会计科目的角度看，反映的是会计科目在某一时点的结余额。

按年度编制的资产负债表，反映的是企业在特定年度 12 月 31 日的财务状况。

按月份编制的资产负债表，反映的是企业在特定月份月末最后一天的财务状况。若按季度编制资产负债表，则反映企业在每个季末最后一天的财务状况。

（二）资产负债表的作用

（1）资产负债表能够提供某一时点资产的总额及结构，表明企业能够控制的资源及分布，有助于报表使用者了解企业拥有的资产总量和结构。

（2）资产负债表能够提供某一时点负债的总额及结构，表明企业未来需要清偿的债务以及时间的早晚。

（3）资产负债表能够反映所有者在企业拥有的权益，帮助所有者判断资本保值、增值情况以及权益对企业负债的保障程度。

二、利润表

（一）利润表的特征

利润表是一张反映某一特定期间经营成果的财务报表，而不是反映某一特定时点的财务报表。从会计科目的角度看，反映的是会计科目在某一时期的发生额。

按年度编制的利润表，反映的是企业从每年的 1 月 1 日起至 12 月 31 日止的整个会计年度累计实现的经营成果。

按月份编制的利润表，反映的是企业从每月的 1 月 1 日起至月末最后一天止的整个期间实现的经营成果。若按季度编制利润表，则反映企业从每个季度第一天起至本季度最后一天止的整个季度实现的经营成果。

（二）利润表的作用

通过利润表，可以反映企业在某一时期的收入、费用、利润（或亏损）的金额和构成情况，帮助报表使用者全面了解企业的经营成果，分析企业的获利能力及盈利增长趋势。

三、现金流量表

（一）现金流量表的特征

现金流量表是企业财务报表的重要组成部分，是反映企业在一定会计期间的现金和现金等价物流入和流出的会计报表。现金流量表是一张反映某一特定日期而不是特定时点的报表，从会计科目的角度看，反映的是会计科目在某一会计期间的发生额。

利润表是从权责发生制的角度反映企业的盈利能力，而现金流量表是从收付实现制的角度来反映企业的盈利能力。

按年度编制的现金流量表，反映的是企业从每年的 1 月 1 日起至 12 月 31 日止的整个会计年度累计发生的现金流量情况。

按月份编制的现金流量表，反映的是企业从每月的 1 月 1 日起至月末最后一天止的整个期间发生的现金流量情况。若按季度编制现金流量表，则反映企业从每个季度第一天起至本季度最后一天止的整个季度发生的现金流量情况。

（二）现金流量表的作用

（1）有助于评价企业的支付能力、偿债能力和周转能力。

（2）有助于预测企业的未来现金流量。

（3）有助于分析企业利润质量及影响现金净流量的因素，为判断企业的财务前景提供信息。

四、概念辨析

（一）报表日期

细心的同学可能发现，资产负债表的日期是××××年×月×日，而利润表的日期是××××年×月或××××年，为何这两张报表的日期不同呢？

资产负债表通常反映企业的财务状况，而财务状况只有在某一时点才会有确切的数据，即资产负债表反映的是某一时点的财务状况，而只有××××年×月×日才属于某一时点。

利润表反映的是经营成果，通常是一段时期内的经营成果，要么是一个月，要么是一个季度或者一年，而不能是某一时点，所以利润表的日期是××××年×月，或者是××××年。

（二）金额栏

可能会有同学对报表金额栏有疑问："期初余额""期末余额"中的"期"指什么呢？"年初数""年末数"又指什么？"本期数""本年度数"又是什么呢？

金额栏中的"期初余额""期末余额""本期数""本年度数""年初数"和"年末数"要结合报表日期才能确定其到底指什么。比如，2017 年 12 月 31 日的资产负债表中的"年初数""年末数"指的是 2017 年年初和 2017 年年末，即 2017 年 1 月 1 日和 12 月 31 日两个特定时点的余额。如果给定 2018 年 3 月 31 日的资产负债表，那么"期初余额""期末余额"指的是 2018 年 3 月 1 日和 3 月 31 日两个时点的财务状况余额。如果给定 2017 年 10 月的利润表，那么"本期数"是指 10 月的经营成果的发生额，而"本年度数"是指 2017 年 1 月至 10 月所有经营成果的累计数。

第二篇

生活中的会计

第一章
生活会计的基本假设

会计基本假设是会计核算的基本前提，是组织会计工作必须具备的前提条件，是会计确认、计量和报告的前提，也是对会计核算所处时间、空间范围的合理设定。《企业会计准则——基本准则》总则规定基本假设包括会计主体、持续经营、会计分期和货币计量。

生活会计是对生活中的经济活动进行核算。在此之前需要界定基本前提，即明确核算的经济活动发生的时间、空间等范围。我们参照《企业会计准则》，生活会计的基本假设包括会计主体、持续经营、会计分期和货币计量。

（一）会计主体

会计主体是会计确认、计量和报告的空间范围。会计核算应当以一个特定独立的或相对独立的经营单位的经营活动为对象，对其本身发生的交易或事项进行会计确认、计量和报告。

借助会计理论，我们将生活会计的会计主体界定为有意愿核算自己发生的经济活动的个人或家庭。

没有法律法规要求个人或家庭也对自身的经济活动记账。所以生活会计不具有强制性，生活会计适用于有意核算自己的经济活动，有意掌握、分析和改善自己的财务状况、经营成果的个体。

明确生活会计的会计主体就是要明确会计核算的信息，生成的会计报表反映的是特定主体的财务状况和经营成果，既不能与其他会计主体相混淆，也不能将本主体的会计事项遗漏或转嫁，从而对自己的家底或成果有清晰的了解和分析。

（二）持续经营

生活会计的持续经营假设是指会计主体在可预见的未来，会按照正常的轨迹发展上升，持有的资产越来越多，所有者权益越来越多，盈利状况越来越好。这是个人或家庭借助会计工具算好账、理好财、处理好经济活动的主要目的。

在市场经济条件下，企业破产清算的风险始终存在，一旦企业发生破产清算，所有以持续经营为前提的会计程序与方法就不再适用，而应当采取破产清算的会计程序和方法。当然，生活会计的主体也不会永远一帆风顺，当发生重大变故或意外，会计主体的生活状况或财务状况发生重大损失，或者失去了经营能力，不再符合持续经营假设时，会计核算的原则和方法也应该改变。

（三）会计分期

会计分期是指将一个持续经营的会计主体的生产经营活动期间划分为若干持续的、长短相同的期间。会计分期是对持续经营假设的进一步细化，有了会计分期，会计工作才会产生当期与其他期间的差别，从而实现纵向可比。

在我国，以公历1月1日至12月31日作为企业的会计年度。在年度内，再划分为月度、季度和半年度。

生活会计中的会计分期也以公历1月1日至12月31日作为一个会计年度，按照公历年度划分为月度。与按月发工资、按月结算水电费等常规活动相适应，生活会计可以按照个人或家庭习惯编制周、月或年度报表。

（四）货币计量

货币计量是指特定会计主体进行确认、计量和报告时，以货币为计量单位反映企业的财务状况、经营成果和现金流量的信息。在我国，企业会计通常以人民币为记账本位币。

与企业相比，生活会计的主体通常没有存货资产，不需要采用数量、重量等计量单位。所以，生活会计的货币计量也以人民币为记账本位币。如果会计主体的经济活动以其他币种收支为主或是外籍人士，也可以选择其中一种货币作为记账本位币。在编制报表时，选择记账本位币为计量单位即可，无须折算为人民币。

总之，生活中的会计服务于个人或家庭对财务状况的记录了解和财富管理，更多的是自身不同阶段财务状况的比较，不需要与其他个体横向比较，所以可以充分体现个体需要，按照会计基础理论确定会计基本假设。

第二章

生活中的经济活动

企业的资金运动是企业会计核算的对象，被审计单位的经济活动是审计的对象。生活会计核算的对象是个人生活中的经济活动。本书将生活中常见的经济活动进行了梳理，概况成如下几类：

一、筹资活动

无论是企业创立开始经营，还是个人开始日常生活，都需要“启动资金”，在会计上我们可以把“启动资金”称为“初始投资”。巧妇难为无米之炊，没有启动资金，企业无法经营，就谈不上发展、盈利甚至上市；没有启动资金，个人无法正常生活，就谈不上进步、提升乃至理想。可见，启动资金在企业经营和个人生活中发挥重要作用。

在经营过程中，如果企业的自有资金周转不开，就需要从外部补充资金，从而改变现有的资本结构。

所谓筹资活动就是取得资金的活动。取得启动资金是筹资活动；从外部取得补充资金，也是筹资活动。筹资有两个来源：借进来的和投进来的。通常来源于“借”的资金叫作负债，来源于“投”的资金叫作所有者权益。

生活中的筹资活动也有两个来源——借进来的（形成负债）和投进来的（形成所有者权益）。通常负债筹资包括从银行取得短期或长期借款、向亲朋好友借款或者向所在单位借款等；所有者权益筹资一般是父母的投资款。

夫妻双方的婚前财产，尤其是经过婚前财产公证的，应列入实收资本，作为夫妻双方共同给予家庭的投资。按照中国的传统模式，儿女成家时，双方父母、兄弟姐妹会提供开始新生活的彩礼或嫁妆，双方父母和兄弟姐妹对此不求经济回报，该资金计入所有者权益。需要指出的是，结婚时亲朋好友的礼金，如果按照礼尚往来的习俗，需要日后以其他祝贺活动的礼金形式返还，则需要作为“其他应付款”按人名登记，作为负债处理。

按照养儿防老的传统，父母给予的迎娶、陪嫁等财物，也可以作为父母对儿女的投资款。但是亲情无价，赡养老人是子女的义务。

筹资活动的划分如图 2.2.1 所示。

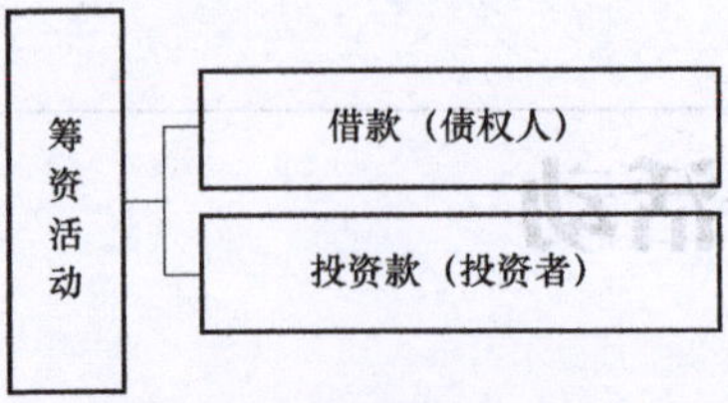

图 2.2.1 筹资活动的划分

一般筹资活动发生在开始经营前或者经营过程中需要外来补充资金时，不会经常发生。我们可以将筹资活动比作向企业或个人“输血”，只有当自身的造血功能不足时，才需要“输血”。假如一个企业或者一个人经常需要筹资活动来补充资金的话，那说明这个主体自身产生营运资金的能力较差，持续经营或发展的能力欠缺，发展前景堪忧。

二、经营活动

经营活动属于日常活动，每期都要发生经营活动，企业通过经营活动产生现金流量，创造利润，发展壮大。我们将经营活动比作自身的“造血”，如果一个人身体健康，就完全不需要“输血”，自身的“造血”功能可以满足正常需要。企业的经营活动包括销售、采购、生产、缴税等，个人的经营活动主要包括取得收入、发生各种支出以及往来结算等内容，如图 2.2.2 所示。

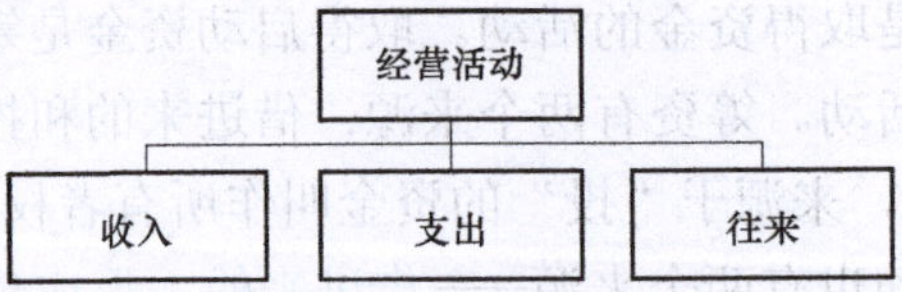

图 2.2.2 个人的经营活动

1. 收入

收入是日常活动中形成的，会实现所有者权益增加的、与所有者投入资本无关的经济利益的总流入。收入会增加个人的资产或减少负债。生活中的收入，包括工资收入、劳务收入、稿酬收入、租金收入等。

2. 支出

支出是日常活动中形成的，会导致所有者权益减少的、与所有者收回资本无关的经济利益的总流出。支出会减少个人的资产或增加负债。生活中的支出，包括日常支出和大额支出。其中日常支出每月都会发生，且金额相对较小，是生活中的必需支出，涵盖生活中的衣、食、住、行、玩等各方面，包括交通费支出、通信费支出、餐费支出、服饰支出以及娱乐支出等；大额支出金额较大，不会经常发生，受益期较长，比如办健身年卡、交培训班学费等。

3. 往来

往来是日常经营活动中形成的，个人之间或个人与其他主体之间应收和应付款项，其他应收和其他应付款项的形成、结算活动。往来的形成会使得个人的资产或负债增加，往来的结算会使得个人的资产或负债减少。往来包括个人之间的资金垫付、借款还款等。

三、投资活动

投资活动是取得长期资产或者以赚取收益为目的的对外投资及其处置活动。我们可以将投资活动比作“献血”，适度“献血”有益健康。如果一个人身体健康，勤加锻炼，献血就不会损害身体，相反可以造福社会；但如果一个人体弱多病，或缺乏锻炼，献血就会使他身体不适。所以是否“献血”要因个体而异。生活中的投资活动包括对内投资和对外投资，对内投资包括添置固定资产、无形资产等，对外投资包括购买股票、债券、基金等，如图 2.2.3 所示。

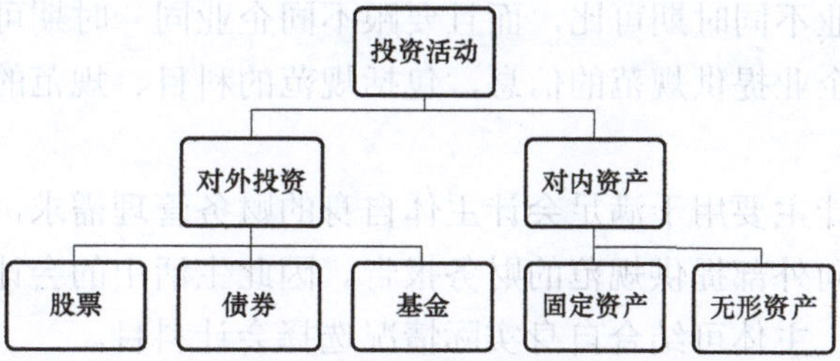

图 2.2.3　投资活动的分类

通常在企业初创期，投资活动不会发生。当企业或个人经营步入正轨后，投资活动会经常发生。如果持有的资金满足正常的经营活动需要后还有剩余，为最大限度发挥资金的价值，要么购置固定资产，扩大生产，要么对外投资，购买股票、债券、基金等以赚取投资收益。

初始投资可以改变资产结构，不会增减资产，也不会改变负债总额和所有者权益总额。投资的处置或收回既有可能增加资产总额，也有可能减少资产总额，差额就是投资收益或者投资损失。

在个人或家庭有可支配资金的情况下，投资理财无疑是增加收入的重要经济活动。

第三章

生活中的会计科目

一、会计科目设置原则

企业的会计科目和主要账务处理依据《企业会计准则》中确认和计量的规定确定，涵盖企业的交易或者事项。企业在不违反会计准则中确认、计量和报告规定的前提下，可以根据本单位的实际情况自行增设、分拆、合并会计科目。

会计是一种商业语言，当企业同供应商、客户、银行以及政府等交流时，需要使用会计语言。当企业向报表信息使用者披露财务信息时要考虑可比性要求，不仅要跟同一企业不同时期可比，而且要跟不同企业同一时期可比，所以《企业会计准则》要求企业提供规范的信息，包括规范的科目、规范的账簿、规范的报表等。

生活中的会计主要用于满足会计主体自身的财务管理需求，几乎不需要对外披露，更不需要向外部提供规范的财务报告。因此生活中的会计科目遵循简化、实用的原则设置，主体可结合自身实际情况选择会计科目。

与企业的交易或事项相比，个人生活中的交易或事项要简单得多。所以，生活中的会计科目比企业的会计科目简单，不存在的交易或事项，可以不设置相关科目。对于明细科目，会计主体可以根据实际情况自行添加或修改，只要能够表述清楚即可。

二、生活中的会计科目

根据生活中常见的交易或事项，本书整理了生活中的会计科目和企业的会计科目的对照表，具体见表 2.3.1。

表 2.3.1　会计科目对照表

序号	生活	企业	序号	生活	企业
一、资产类			27	投资性房地产	投资性房地产
1	现金	库存现金	28	—	长期应收款
2	银行存款	银行存款	29	—	未实现融资收益
3	其他货币资金	其他货币资金	30	固定资产	固定资产
4	短期投资	交易性金融资产	31	—	累计折旧
5	—	应收票据	32	—	固定资产减值准备
6	应收账款	应收账款	33	—	在建工程
7	预付账款	预付账款	34	—	工程物资
8	—	应收股利	35	—	固定资产清理
9	—	应收利息	36	无形资产	无形资产
10	其他应收款	其他应收款	37	—	累计摊销
11	—	坏账准备	38	—	无形资产减值准备
12	—	材料采购	39	—	商誉
13	—	在途物资	40	—	长期待摊费用
14	原材料	原材料	41	—	递延所得税资产
15	—	材料成本差异	42	—	待处理财产损溢
16	—	库存商品	二、负债类		
17	—	发出商品	43	短期借款	短期借款
18	—	商品进销差价	44	—	交易性金融负债
19	—	委托加工物资	45	—	应付票据
20	—	周转材料	46	应付账款	应付账款
21	—	存货跌价准备	47	预收账款	预收账款
22	—	持有至到期投资	48	—	应付职工薪酬
23	—	持有至到期投资减值准备	49	—	应交税费
24	—	可供出售金融资产	50	—	应付股利
25	—	长期股权投资	51	—	应付利息
26	—	长期股权投资减值准备	52	其他应付款	其他应付款

续表

序号	生活	企业	序号	生活	企业
53	—	预计负债	五、成本类		
54	—	递延收益	70	—	生产成本
55	长期借款	长期借款	71	—	制造费用
56	—	长期债券	72	—	劳务成本
57	—	长期应付款	73	—	研发支出
58	—	未确认融资费用	六、损益类		
59	—	专项应付款	74	主要收入	主营业务收入
60	—	递延所得税负债	75	其他收入	其他业务收入
三、共同类			76	—	公允价值变动损益
61	—	衍生工具	77	投资收益	投资收益
62	—	套期工具	78	额外收入	营业外收入
63	—	被套期项目	79	主要支出	主营业务成本
四、所有者权益类			80	其他支出	其他业务成本
64	实收资本	实收资本	81	—	营业税金及附加
65	—	资本公积	82	—	销售费用
66	—	盈余公积	83	管理费用	管理费用
67	本年利润	本年利润	84	财务费用	财务费用
68	利润分配	利润分配	85	—	资产减值损失
69	—	库存股	86	额外支出	营业外支出
			87	—	所得税
			88	—	以前年度损益调整

三、生活中的会计科目解析

生活中的会计科目主要涵盖资产类、负债类、所有者权益类和损益类账户。本书给出会计科目参照，从数量上看，比企业使用的会计科目少许多，而且有的科目名称更为简化、直观。

（一）资产类

资产类如表 2.3.2 所示。

表 2.3.2 资产类

序号	科目名称	核算内容
1	现金	会计主体持有的现金，可按币种设明细科目
2	银行存款	存放于各银行或金融机构的存款，可按开户行设明细科目
3	其他货币资金	存放于虚拟账户的款项，比如支付宝余额、微信钱包等
4	短期投资	以赚取收益或交易为目的持有的货币基金、基金、股票以及其他投资，可按投资的内容设置明细
5	应收账款	因销售商品、提供劳务等经营活动而产生的应收款项
6	预付账款	按照约定提前支付给供应商的款项
7	其他应收款	除应收、预付款项外的其他应收取款项，包括亲朋好友的临时借款、代垫款项等
8	原材料	库存的各种材料，包括原料、辅助材料、包装材料等，原料主要用于生产、制造对外销售的产品
9	投资性房地产	核算持有的用作赚取差价或取得收益的房产，可按原值和价值变动分别设置明细科目
10	固定资产	用以核算单位价值高、使用时间长、有实物形态的自用资产，可按资产类别设置明细科目
11	无形资产	个人拥有的专利权、非专利技术、著作权等

（二）负债类

负债类如表 2.3.3 所示。

表 2.3.3 负债类

序号	科目名称	核算内容
1	短期借款	从银行或其他金融机构借入的一年期内的借款，包括信用卡借款、花呗、京东白条等
2	应付账款	因购买材料、商品或接受劳务等应支付的款项
3	预收账款	提前收取客户的货款，需要在未来一定时期用产品或劳务偿还
4	其他应付款	除预收、应付款项外应支付的款项，包括从亲朋好友处取得的周转借款等
5	长期借款	从银行或其他金融机构取得的超过一年期的借款，包含房贷、车贷等

（三）所有者权益类

所有者权益类如表 2.3.4 所示。

表 2.3.4 所有者权益类

序号	科目名称	核算内容
1	实收资本	夫妻双方的婚前财产、父母或亲朋好友给予的婚庆礼金等不需要偿还的资金、实物
2	本年利润	核算所有收益扣除所有支出后的差额，即本年实现的净利润
3	利润分配	核算本年度分配的利润以及剩余的未分配利润

（四）损益类

损益类如表 2.3.5 所示。

表 2.3.5 损益类

序号	科目名称	核算内容
1	主要收入	核算取得的工资收入和主要兼职收入等
2	其他收入	核算主要收入以外的其他非连续性收入
3	额外收入	核算主要收入、其他收入以外的收入，包括接受捐赠、盘盈、偶然所得等
4	投资收益	短期投资、投资性房地产取得的收益或损失，可按具体投资项目设明细科目
5	主要支出	核算为取得主要收入而发生的支出
6	其他支出	核算为取得其他收入而发生的支出
7	额外支出	核算主要支出、其他支出以外发生的支出，包括捐赠支出、盘亏、意外损失等
8	管理费用	日常生产、生活中发生的各项正常耗费，包括衣、食、住、行、玩、游等
9	财务费用	核算短期借款、长期借款中支付的利息费用

第四章

生活中的会计报表

第一节 货币资金表

一、货币资金表的编制方法

货币资金表反映会计主体在某一时点的货币资金情况。货币资金表通常包括主体拥有的现金、存款和其他货币资金的期初、期末两列数据。

其中，“现金”“银行存款”“其他货币资金”栏目分别根据“现金”“银行存款”“其他货币资金”三个总账科目的期初余额和期末余额填列。

“合计”栏则直接取上述栏目对应金额栏的合计数填列。

二、货币资金表的编制

（1）查找“现金”总账（为简化，下文都选择了 T 型账），如图 2.4.1 所示。

借方	现金	贷方

图 2.4.1 查找“现金”总账

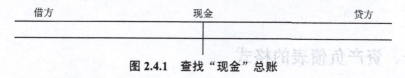

从“现金”总账中可以发现“现金”的期初余额和期末余额 ，将这两个金额直接填列在货币资金表对应栏目。

（2）查找“银行存款”总账，如图 2.4.2 所示。

借方	银行存款	贷方

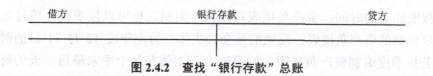

图 2.4.2 查找“银行存款”总账

从“银行存款”总账中可以发现“银行存款”的期初余额和期末余额，将这两个金额直接填列在货币资金表对应栏目。

（3）查找“其他货币资金”总账，如图 2.4.3 所示。

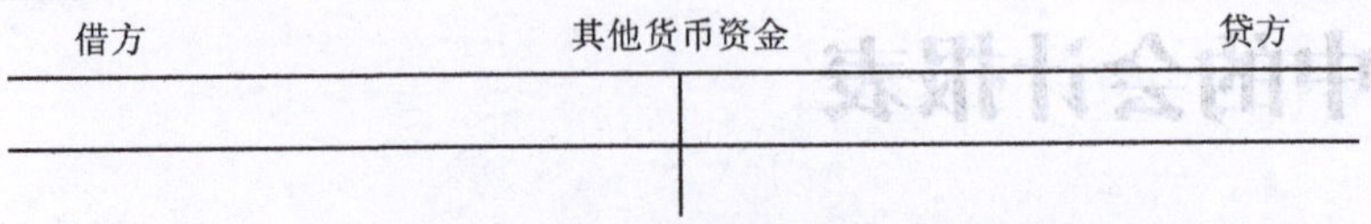

图 2.4.3 查找“其他货币资金”总账

“其他货币资金”账户的期初、期末余额填列到对应栏目。

4. 合计栏数据直接取“现金”“银行存款”“其他货币资金”三个账户期初、期末余额的合计填列在对应位置。

货币资金表编制结果如表 2.4.1 所示。

表 2.4.1 货币资金表

主体：　　　　　　　　年　　月　　日　　　　　　　　单位：元

项目	行次	期初数	期末数
现金	1		
银行存款	2		
其他货币资金	3		
合计	4		

第二节 资产负债表

一、资产负债表的格式

资产负债表是一张反映某一特定时点财务状况的财务报表，而不是反映某一特定日期的财务报表。从会计科目的角度看，反映的是会计科目在某一时点的结余额。

按照涵盖的时间，资产负债表可以按年编制，也可以按季度、按月编制。按年度编制的资产负债表，反映的是会计主体在特定年度 12 月 31 日的财务状况。若按季度编制资产负债表，则反映会计主体在每个季末最后一天的财务状况。按月份编制的资产负债表，反映的是会计主体在特定月份月末最后一天的财务状况。

生活中的资产负债表格式见表 2.4.2。

表 2.4.2　资产负债表

主体：　　　　　　　　　　　　年　　月　　日　　　　　　　　　　　　单位：元

项目	期初数	期末数	项目	期初数	期末数
流动资产			流动负债		
货币资金			短期借款		
应收款项			应付款项		
短期投资			其他		
投资性房地产			长期负债		
			长期借款		
长期资产			权益		
固定资产			实收资本		
无形资产			净收益		
其他			负债及权益合计		
资产合计					

二、资产负债表的编制

（一）直接填列

资产负债表的期初、期末多数根据对应账户余额直接填列，比如：预付款项、短期投资、投资性房地产、无形资产、短期借款、预收款项、长期借款、实收资本等项目直接根据对应的总账科目填列。

（二）分析填列

除了直接填列的资产负债表项目外，其他项目需要分析填列。具体如下：

1.“货币资金”项目

货币资金包括现金、银行存款、其他货币资金三部分内容，货币资金项目的期初、期末数是现金、银行存款、其他货币资金三个账户期初、期末数的合计。

查找“现金”“银行存款”“其他货币资金”总账，如图 2.4.4～图 2.4.6 所示。

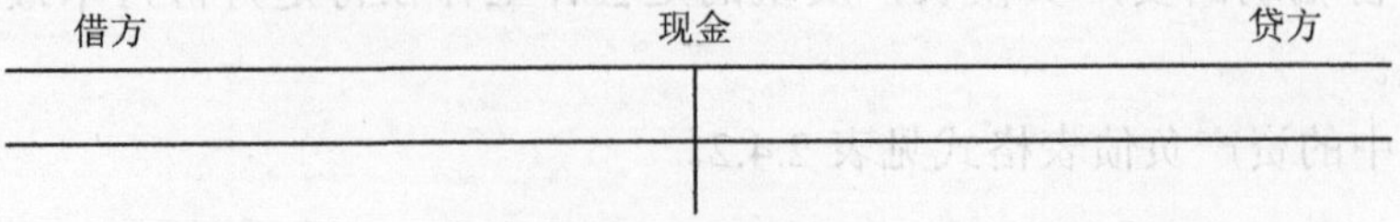

图 2.4.4　现金

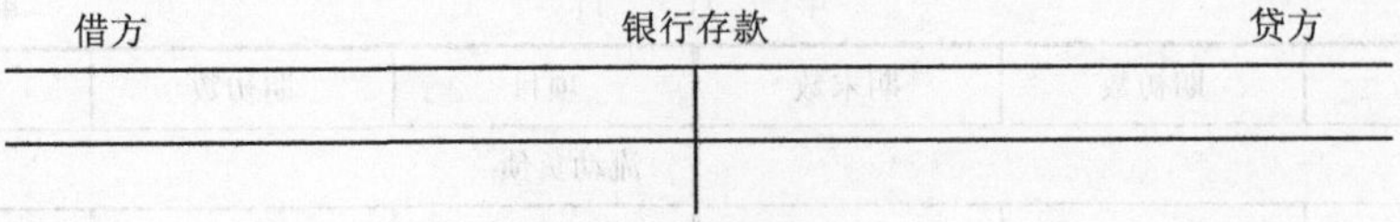

图 2.4.5　银行存款

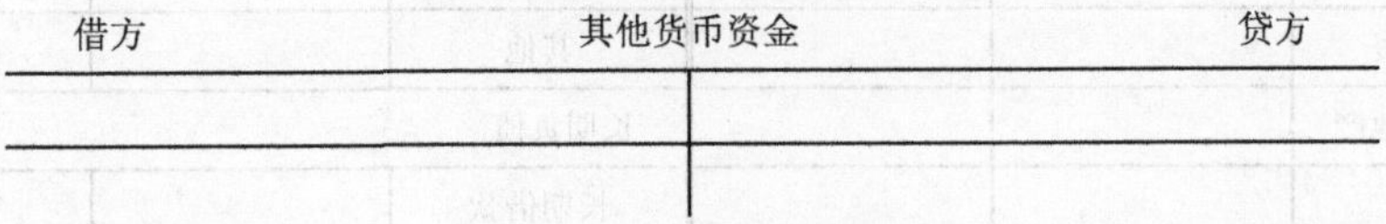

图 2.4.6　其他货币资金

将上述总账的期初、期末数分别相加填列到资产负债表“货币资金”对应栏目。

2.“应收款项”项目

应收款项包括“应收账款”“其他应收款”“坏账准备”等，应收款项等于“应收账款”“其他应收款”的合计扣减“坏账准备”后的差额。

查找“应收账款”“其他应收款”“坏账准备”总账，如图 2.4.7～图 2.4.9 所示。

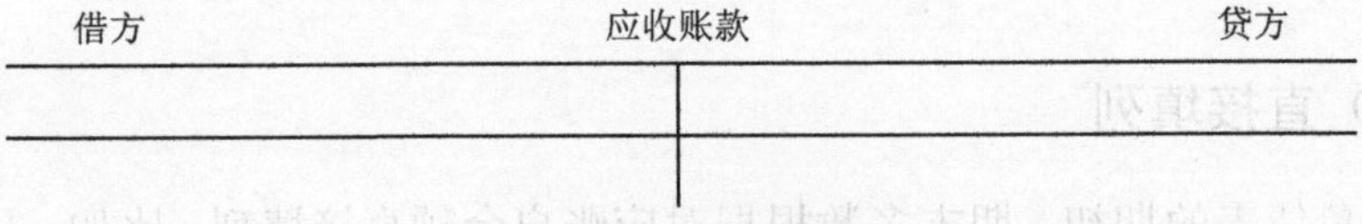

图 2.4.7　应收账款

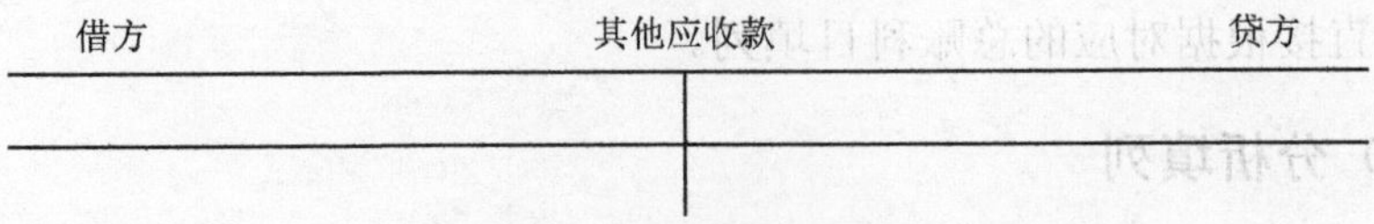

图 2.4.8　其他应收款

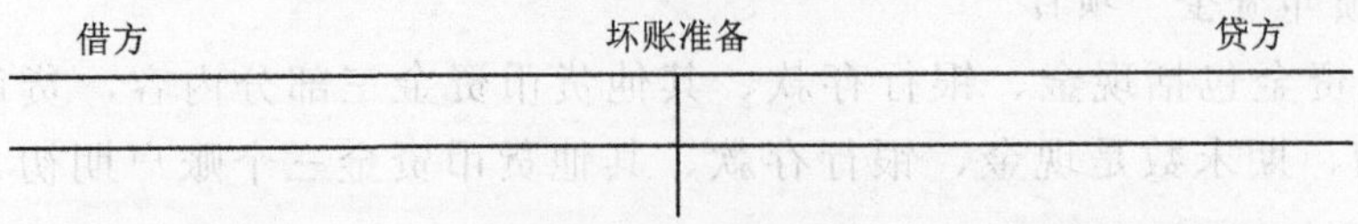

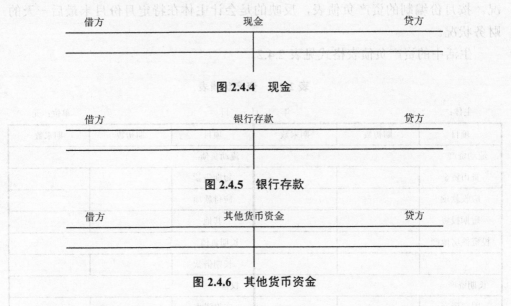

图 2.4.9　坏账准备

将“应收账款”“其他应收款”的期初、期末数合计，再扣减“坏账准备”后的差额填列到应收款项的对应栏目。

备注：应付款项参照应收款项填列，应付款项的期初、期末数分别取“应付账款”“其他应付款”的期初、期末数合计填列。

3.“固定资产”项目

固定资产使用后会产生累计折旧，“固定资产”项目要根据“固定资产”总账和“累计折旧”总账填列。

查找“固定资产”“累计折旧”总账，如图 2.4.10、图 2.4.11 所示。

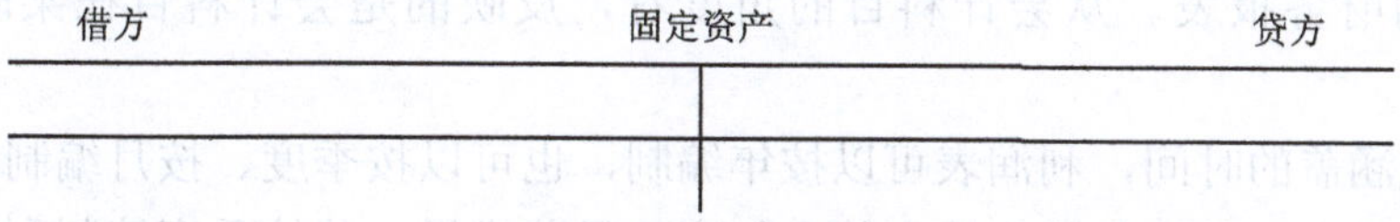

图 2.4.10　固定资产

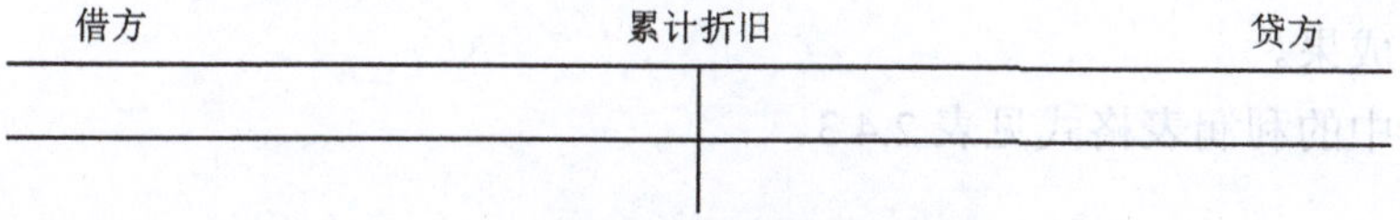

图 2.4.11　累计折旧

将“固定资产”总账的期初、期末数分别扣减“累计折旧”的期初、期末数后的差额填列到固定资产的对应栏目。

4.“净收益”项目

净收益包括本年实现利润和以前年度利润结转（即利润分配余额），所以净收益项目根据“本年利润”和“利润分配”账户填列。

查找“本年利润”“利润分配”总账，如图 2.4.12、图 2.4.13 所示。

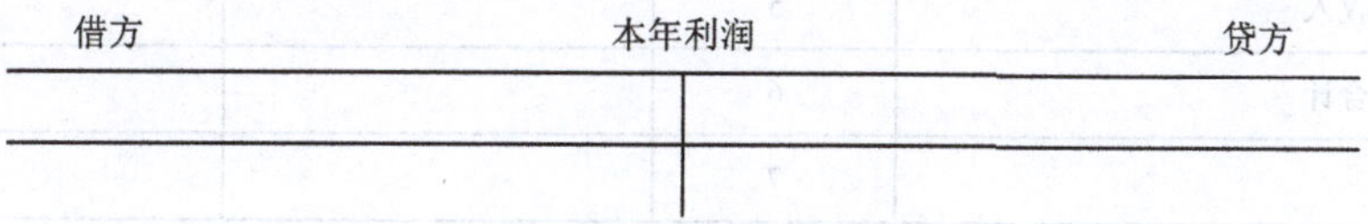

图 2.4.12　本年利润

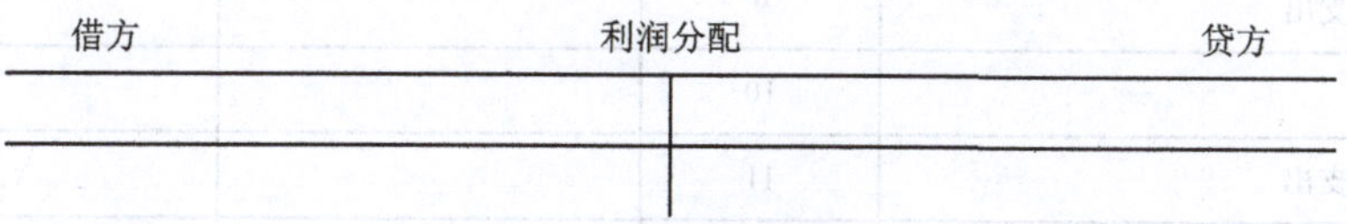

图 2.4.13　利润分配

将“本年利润”和“利润分配”总账的期初、期末数汇总填列在净收益项目的对应栏目。

第三节 利润表

一、利润表的格式

利润表是一张反映某一特定时期经营成果的财务报表，而不是反映某一特定时点的财务报表。从会计科目的角度看，反映的是会计科目在某时期的发生额。

按照涵盖的时间，利润表可以按年编制，也可以按季度、按月编制。按年度编制的利润表，反映的是主体在整个年度的经营成果。若按季度编制利润表，则反映主体在整个季度的经营成果。按月份编制的利润表，反映的是主体在特定月份的经营成果。

生活中的利润表格式见表 2.4.3。

表 2.4.3 利润表

主体： 年 月 单位：元

项 目	行次	本期发生额	本年累计发生额
一、收入	1		
主要收入	2		
其他收入	3		
投资收益	4		
额外收入	5		
收入合计	6		
二、支出	7		
主要支出	8		
其他支出	9		
费用	10		
额外支出	11		
支出合计	12		
三、利润总额	13		

二、利润表的编制

利润表的数据包括本期发生额和本年累计发生额，其中本期发生额指本月数，本年累计发生额指从年初到本月所有发生额的汇总。损益类账户期末结转后无余额，所以利润表要从损益类账户的发生额取值。

（一）直接填列

利润表的多数发生额直接根据账户发生额填列，比如：主要收入、其他收入、投资收益、额外收入、主要支出、其他支出、额外支出等利润表项目分别从对应总账科目的本月发生额和累计发生额取值。

（二）分析填列

“费用”项目包括“管理费用”和“财务费用”，“费用”项目的本月发生额、本年累计发生额分别取自“管理费用”和“财务费用”本期发生额、本年累计发生额的合计。

第五章 会计服务的生活场景

第一节 工资收入

案例引入

小王是一家咨询公司的业务主管，12 月 1 日是发工资的日子，小王利用手机银行查询中国银行账户，发现本月的工资 10 555 元已经到账，这是一件令人高兴的事情，因为小王对一套化妆品心仪很久了。

对于发工资这件事情，小王应该怎样在自己的账上记录呢？

案例分析

任何一项业务的发生，都会涉及两个方面，有存在、有来源，即形成了现有的什么？它又是从哪里来的？知道这两个方面，业务就清楚了。

首先，发工资使得小王的银行卡上增加 10 555 元，也就是小王的资产（银行存款）增加 10 555 元。

其次，增加的资产 10 555 元既不是借来的，不是所有者投资来的，也不是其他资产变现得来的，而是来源于她的工资所得，是小王的工资，归类为小王的日常收入。

主营业务收入是损益类账户，企业的“主营业务收入”账户用以核算企业销售商品、提供劳务及让渡资产所有权等主营业务所取得的收入。企业销售商品或提供劳务所实现的收入记入该账户的贷方，发生销货退回和期末将实现的主营业务收入转入“本年利润”账户时，记入该账户的借方，期末结转后无余额。

对于多数工薪阶层而言，工薪是主要的收入来源，所以“主要收入”账户核算个人取得的工资收入，收入的增加计入贷方；而实际生活中几乎没有发放的工资收入又被收回的情况，所以主要收入的借方登记转入“本年利润”账户的发生额，期末结转后本账户无余额。如图 2.5.1 所示。

如果工资、加班费以及各种补贴分开发放的话，“主要收入”账户应该按工资、加班费等设置明细账，进行明细分类核算。

如果工资、加班费以及补贴合并发放，“主要收入”账户也可以不设明细账，不用进行明细分类核算。是否需要进行明细分类核算取决于会计主体是否关注具体信息。

借方	主要收入	贷方
减少		增加

图 2.5.1　主要收入账户

案例处理

通过上述分析，我们知道小王的银行卡上增加了 10 555 元存款，资产的增加在借方；同时小王的工资收入也多了 10 555 元，收入的增加在贷方。小王应当编制的会计分录为：

借：银行存款——中国银行　　10 555

　　贷：主要收入——工资收入　　10 555

根据编制的会计分录，小王可以填制如图 2.5.2 所示的记账凭证：

记 账 凭 证

2017 年 12 月 1 日　　字第　　号

摘要	总账科目	明细科目	借方金额										贷方金额										记账签章
			千	百	十	万	千	百	十	元	角	分	千	百	十	万	千	百	十	元	角	分	
收到12月份工资	银行存款	中国银行				1	0	5	5	5	0	0											
收到12月份工资	主要收入	工资														1	0	5	5	5	0	0	
合计金额					¥	1	0	5	5	5	0	0			¥	1	0	5	5	5	0	0	

附件　张

会计主管：　　记账：　　出纳：　　复核：　　制单：

图 2.5.2　记账凭证

案例记账

填制完记账凭证，小王要根据填制无误的记账凭证登记明细账和日记账。在企业里，库存现金和银行存款登记日记账，其他账户登记明细账。为了简化，生活中的会计主要登记明细账，所有的账户都登记明细账。个人可根据喜好登记 T 型账户或者明细账，然后在记账凭证右侧的记账栏打“ √ ”，表示登账完毕。如图 2.5.3 所示。

记 账 凭 证

2017 年 12 月 1 日　　　　字第　　号

摘要	总账科目	明细科目	借方金额										贷方金额										记账签章
			千	百	十	万	千	百	十	元	角	分	千	百	十	万	千	百	十	元	角	分	
收到 12 月份工资	银行存款	中国银行				1	0	5	5	5	0	0											√
收到 12 月份工资	主要收入	工资														1	0	5	5	5	0	0	√
合计金额					¥	1	0	5	5	5	0	0			¥	1	0	5	5	5	0	0	

附件　张

会计主管：　　记账：　　出纳：　　复核：　　制单：

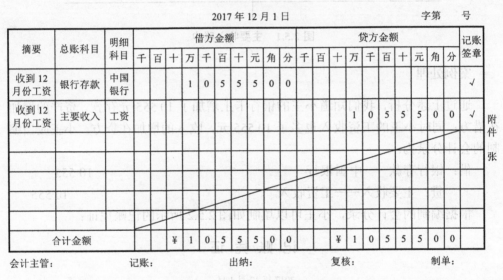

图 2.5.3　登账完毕的记账凭证

一、T 型账户

如图 2.5.4 所示。

银行存款——中国银行	
10 555	

主要收入——工资	
	10 555

图 2.5.4　工资收入 T 型账户

二、明细账

银行存款——中国银行明细账如表 2.5.1 所示。

表 2.5.1 银行存款——中国银行明细账 单位：元

2017年		凭证		摘要	会计科目	借方金额	贷方金额	余额	过账
月	日	字	号						
12	1	记	1	12月工资	主要收入	10 555			

主要收入——工资明细账如表 2.5.2 所示。

表 2.5.2 主要收入——工资明细账 单位：元

2017年		凭证		摘要	会计科目	借方金额	贷方金额	余额	过账
月	日	字	号						
12	1	记	1	12月工资	银行存款		10 555		

拓展知识

一、五险一金

小王在查到手机银行入账 10 555 元上月工资后，也一直有点疑惑：明明入职时跟公司谈好的月薪是 15 000 元，为什么每次银行卡上收到的工资只有 10 555 元呢？

其实，用人单位除了每月支付给职工工资以外，还要提供其他几种保障性待遇——“五险一金”，同时还代扣个人所得税。

五险一金是指用人单位给予劳动者的几种保障性待遇的合称，包括养老保险、医疗保险、失业保险、工伤保险和生育保险以及住房公积金。

养老保险、医疗保险和失业保险，这三种险和住房公积金是由企业和个人共同缴纳保费，工伤保险和生育保险完全由企业承担，个人不需要缴纳。缴纳社会保险是国家强制性的要求，住房公积金是根据企业效益而定，效益不好，可以自己确定比例，不属于社会保险范畴。

2016 年 3 月 23 日，“十三五”规划纲要提出，将生育保险和基本医疗保险合并实施。2017 年 6 月底前，部分试点地区合并生育保险和职工基本医疗保险，产检费用将和普通医疗费用一同报销，试点期限为一年左右。

各地的“五险一金”缴存比例稍有不同，以青岛市为例，如表 2.5.3 所示。

表 2.5.3 青岛市“五险一金”缴存比例

五险一金	单位缴存/%	个人缴存/%
住房公积金	5～12	5～12
养老保险	20	8
医疗保险	11	2
失业保险	1.5	0.5
生育保险	1	—
工伤保险	0.5	—

假定小王所在的公司以应付工资总额为基数，个人分别按照 12%、8%、2%、0.5%的比例缴存住房公积金、养老保险、医疗保险和失业保险。那么单位扣缴小王的“五险一金”分别是：

1. 住房公积金

扣缴的住房公积金 = 15 000 × 12% = 1 800 元

2. 养老保险

扣缴的养老保险 = 15 000 × 8% = 1 200 元

3. 医疗保险

扣缴的医疗保险 = 15 000 × 2% = 300 元

4. 失业保险

扣缴的失业保险 = 15 000 × 0.5% = 75 元

法律规定，依照标准缴纳的“五险一金”允许在税前扣除。

二、个人所得税

假定小王入职时谈好的月工资是 15 000 元，个人分别按照 12%、8%、2%、0.5%的比例缴存住房公积金、养老保险、医疗保险和失业保险后，小王的税前工资为 11 625 元。而这 11 625 元并不是发到小王工资卡的金额，因为小王还需要缴纳个人所得税。

个人所得税是国家对本国公民、居住在本国境内的个人的所得和境外个人来源于本国的所得征收的一种所得税。个人所得税的征税范围包括工资、薪金所得，个体工商户的生产经营所得，对企事业单位的承包、承租经营所得，劳务报酬所得，稿酬所得，特许权使用费所得，利息、股息、红利所得，财产租赁所得，财产转让所得，偶然所得和其他所得。

工资、薪金所得适用个人所得税累进税率表如表 2.5.4 所示。

表 2.5.4 工资、薪金所得适用个人所得税累进税率表

级数	应纳税所得额（含税级距）	税率/%	速算扣除数
1	不超过 1 500 元	3	0
2	超过 1 500 元至 4 500 元的部分	10	105
3	超过 4 500 元至 9 000 元的部分	20	555
4	超过 9 000 元至 35 000 元的部分	25	1 005
5	超过 35 000 元至 55 000 元的部分	30	2 755
6	超过 55 000 元至 80 000 元的部分	35	5 505
7	超过 80 000 元的部分	45	13 505

本月小王应纳个人所得税额＝应纳税所得额×适用税率－速算扣除数

＝（工资、薪金所得－“五险一金”－扣除数）×适用税率－速算扣除数

＝（15 000－1 800－1 200－300－75－3 500）×20%－555＝1 070 元

小王的税前工资为 11 625 元，单位代扣代缴 1 070 元的个人所得税，本月的实发工资（发到工资卡的金额）为 10 555 元。

第二节 兼职劳务收入

案例引入

小王的英语口语非常不错，还曾经去英国做了半年交换生。5 日，小王的同学小刘公司来了一位英国客户，临时找小王当翻译，陪客户参观工厂和生产线。事后，公司给了小王 1 500 元现金作为答谢。

对于收到 1 500 元现金这件事情，小王应该怎样在自己的账上记录呢？

案例分析

首先，小王收到了 1 500 元现金，也就是资产（现金）增加 1 500 元。

其次，增加的资产 1 500 元既不是借来的，也不是所有者投资来的，或是其他资产变现得来的，而是小王赚的钱。但这笔钱不同于小王的工资收入，不是每

月能够固定得到的收入，这笔钱的金额和获取时间具有不确定性，所以不能作为主要收入，可以将该类收入归为“其他收入”核算。

其他收入是主要收入以外的其他日常活动取得的收入，一般情况下，其他业务活动的收入不多，发生频率不高，在收入中所占比重较小。“其他收入”是损益类账户，核算会计主体在其他业务活动中取得的收入，该账户的增加在贷方，核算取得的收入，收入实现；减少在贷方，核算收入的减少或者结转到“本年利润”账户的发生额。期末结转后，该账户无余额。如图 2.5.5 所示。

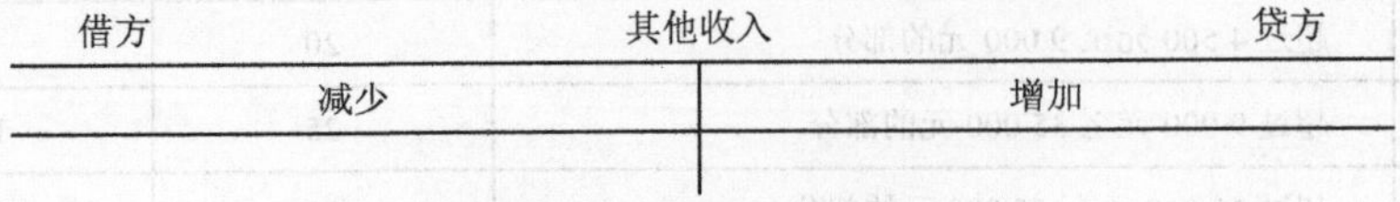

图 2.5.5　其他业务收入账户

案例处理

通过上述分析，我们知道小王收到了 1 500 元的现金，资产增加 1 500 元；从来源上看，小王这 1 500 元是提供翻译取得的其他收入，收入增加 1 500 元。因此，小王应当编制的会计分录为：

借：现金　　　　1 500

　　贷：其他收入——翻译收入　　　　1 500

根据会计分录，小王可以填制如图 2.5.6 所示的记账凭证：

记 账 凭 证

2017 年 12 月 5 日　　　　字第　　号

摘要	总账科目	明细科目	借方金额										贷方金额										记账签章
			千	百	十	万	千	百	十	元	角	分	千	百	十	万	千	百	十	元	角	分	
收到翻译收入	现金						1	5	0	0	0	0											
收到翻译收入	其他收入	翻译															1	5	0	0	0	0	
合计金额						¥	1	5	0	0	0	0				¥	1	5	0	0	0	0	

附件　张

会计主管：　　记账：　　出纳：　　复核：　　制单：

图 2.5.6　兼职劳务收入记账凭证

案例记账

填制完记账凭证，小王要将填写无误的记账凭证登账，根据喜好登记 T 型账户或者明细账，登账后要在记账凭证右侧打“ √”，表示登账完毕，如图 2.5.7 所示。

记 账 凭 证

2017 年 12 月 5 日　　　　字第　　号

摘要	总账科目	明细科目	借方金额										贷方金额										记账签章
			千	百	十	万	千	百	十	元	角	分	千	百	十	万	千	百	十	元	角	分	
收到翻译收入	现金						1	5	0	0	0	0											√
收到翻译收入	其他收入	翻译															1	5	0	0	0	0	√
合计金额						¥	1	5	0	0	0	0				¥	1	5	0	0	0	0	

附件　张

会计主管：　　记账：　　出纳：　　复核：　　制单：

图 2.5.7　登账后的兼职劳务收入记账凭证

一、T 型账户

如图 2.5.8 所示。

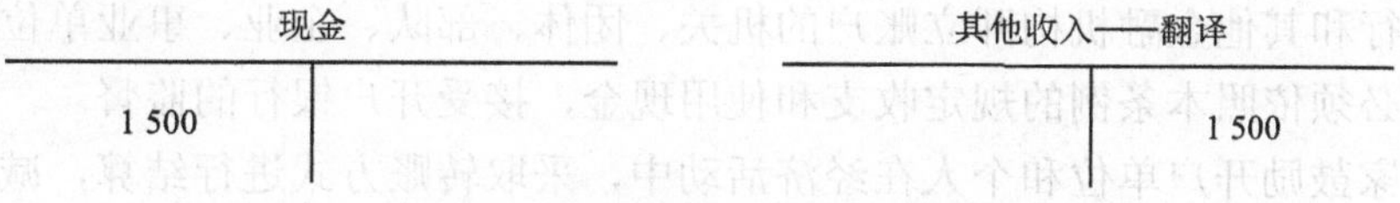

图 2.5.8　兼职劳务收入 T 型账户

二、明细账

现金明细账如表 2.5.5 所示。

表 2.5.5 现金明细账 单位：元

2017年		凭证		摘要	会计科目	借方金额	贷方金额	余额	过账
月	日	字	号						
12	5	记		取得翻译收入	其他收入（翻译）	1 500			

其他业务收入——翻译明细账如表 2.5.6 所示。

表 2.5.6 其他收入——翻译明细账 单位：元

2017年		凭证		摘要	会计科目	借方金额	贷方金额	余额	过账
月	日	字	号						
12	5	记		取得翻译收入	现金		1 500		

拓展知识

一、现金

2011 年 1 月 8 日修订的《中华人民共和国现金管理暂行条例》第二条规定：凡在银行和其他金融机构开立账户的机关、团体、部队、企业、事业单位和其他单位，必须依照本条例的规定收支和使用现金，接受开户银行的监督。

国家鼓励开户单位和个人在经济活动中，采取转账方式进行结算，减少使用现金。

第五条规定，开户单位可以在下列范围内使用现金：

（1）职工工资、津贴；

（2）个人劳务报酬；

（3）根据国家规定颁发给个人的科学技术、文化艺术、体育等各种奖金；

（4）各种劳保、福利费用以及国家规定的对个人的其他支出；

（5）向个人收购农副产品和其他物资的价款；

（6）出差人员必须随身携带的差旅费；

（7）结算起点以下的零星支出；

（8）中国人民银行确定需要支付现金的其他支出。

结算起点定为 1 000 元，结算起点的调整由中国人民银行确定，报国务院备案。

第六条规定：除本条例第五条第（5）、（6）项外，开户单位支付给个人的款项，超过使用现金限额的部分，应当以支票或者银行本票支付；确需全额支付现金的，经开户银行审核后，予以支付现金。

二、其他业务收入

其他业务收入是指企业主营业务收入以外的所有通过销售商品、提供劳务收入及让渡资产使用权等日常活动中所形成的经济利益的流入。如材料及包装物销售、无形资产使用权实施许可、固定资产出租、包装物出租、运输、废旧物资出售收入等。 其他业务收入是企业从事除主营业务以外的其他业务活动所取得的收入，具有不经常发生、每笔业务金额一般较小、占收入的比重较低等特点。

三、劳务报酬所得应缴个人所得税

劳务报酬所得，是指个人独立从事各种非雇佣的劳务的所得。其适用比例税率为 20%。对劳务报酬所得一次收入畸高的，可以实行加成征收，具体办法见表 2.5.7：

表 2.5.7　劳务报酬所得应缴个人所得税

级数	每次应纳税所得额	税率/%	速算扣除数
1	不超过 20 000 元部分	20	0
2	20 000 至 50 000 元	30	2 000
3	超过 50 000 元	40	7 000

劳务报酬所得的应纳税所得额为：

（1）每次劳务报酬收入不足 4 000 元的，用收入减去 800 元的费用；

（2）每次劳务报酬收入超过 4 000 元的，用收入减去收入额的 20%。

计算公式为：

劳务报酬所得应纳个人所得税＝（应纳税所得额－扣除基数）×适用税率－速算扣除数

例如：歌星刘某一次取得表演收入 4 000 元，扣除 20%的费用后，应纳税所得额为 3 200 元。

应纳税的税额＝4 000×（1－20%）×20%＝640（元）

对劳务报酬所得一次收入畸高（应纳税所得额超过 20 000 元）的，要实行加成征收办法，具体是：一次取得劳务报酬收入，减除费用后的余额（即应纳税所得额）超过 2 万元至 5 万元的，按照税法规定计算的应纳税额，加征五成；超过 5 万元的，加征十成。

例如：演员王某一次取得劳务报酬收入 50 000 元，扣除 20%的费用后，其应纳税所得额＝50 000×（1－20%）＝40 000（元），应纳个人所得税额＝40 000×30%－2 000＝10 000（元）

在本案例中，小王取得 1 500 元的税前劳务报酬，应该按照劳务所得缴纳个人所得税。

其应缴纳的个人所得税＝（1 500－800）×20%＝140（元）

则在本案例中，小王的税后劳务报酬为 1 500－140＝1 360（元）。

第三节 银行借款

案例引入

利用借款，取得杠杆效应，是一个理性投资人常用的理财方法。小王单位附近有个楼盘的网点房正在清盘，小王觉得网点房很有投资价值，虽然比住宅价格高，但是收益率也更高，远远大于银行贷款利率。因此小王跟家人商量之后，父母帮忙出首付，余款需要小王从银行贷款。

在咨询了售楼处和银行之后，小王认购了一套 30 平方米的小网点，单价 10 000 元，总价 300 000 元。12 月 1 日，父母给交了 150 000 元的首付，其余的 150 000 元小王选择了商业贷款，并向中国银行青岛分行递交了贷款材料，经过近 1 个月的耐心等待，12 月 26 日银行审批通过正常放款。小王开始为期 10 年，每月 1 583.66 元的还贷之旅。

小王沉浸在买房的喜悦之余，也有点忐忑：自己身上背着债务，是个房奴。未来的十年里，该怎么办呢？

案例分析

在这个案例中，小王为了购买网点房从银行取得了 150 000 元的长期借款，年利率 4.9%。采取等额本息方式还款，每月归还 1 583.66 元。每月还款的 1 583.66

元是通过房贷计算器算出来的，如图 2.5.9 所示。

图 2.5.9 房贷计算器

小王要考虑两个问题：

一、首付的处理

案例中，首付款 150 000 元是父母出的，150 000 元贷款是以小王的名义办的，将来 300 000 元的房产产权证名字需要跟贷款人名字相符，那父母出的 150 000 元首付款怎么处理呢？是借款还是投资？这决定了小王的处理结果是什么。

（一）首付是借款

小王在未来几年内需要归还，那么 150 000 元首付计入父母给小王的借款。小王的资产增加 150 000 元，负债增加 150 000 元。

（二）首付是投资款

小王在未来不需要归还，那么 150 000 元首付计入父母给小王的投资款。小王的资产增加 150 000 元，所有者权益增加 150 000 元。

二、商品房的处理

小王购买的商品房计入什么账户、未来如何核算，取决于购买商品房的用途。是自住？是出租？还是等待后续增值后出售？

（一）自住的情形

如果是用作自住，并且是小王的唯一住房，小王是以使用为目的，在短时间内并不打算把该房产出售，那这套房产属于资产中的固定资产，购买该房产使得小王的固定资产增加。

（二）出租或等待增值的情形

如果是用做出租或等待以后增值，小王是以取得租金或资本增值或两者兼而有之为目的持有该房产，那这套房产属于资产中的投资性房地产，购买该房产使得小王的投资性房地产增加。

案例处理

一、首付的处理

在账本上记录父母给交的 150 000 元首付时，小王需要明确未来需不需要还给父母这 150 000 元，否则小王记账会不准确。

假定小王的父母只有小王一个孩子，150 000 元存款算父母给小王的投资，不需要偿还，但为了激励小王今后努力工作，父母要求小王每年交给父母 2 000 元，算是小王的回报。在这种情形下，小王的存款增加了 150 000 元，即资产增加了 150 000 元；这 150 000 元来源于父母的投资，即实收资本增加了 150 000 元，资产和所有者权益同时增加，资产 = 负债 + 所有者权益等式平衡。

12 月 5 日，小王收到父母转来的 150 000 元首付，编制的分录如下：

借：银行存款——中国银行　　150 000

　　贷：实收资本——父母　　150 000

根据会计分录，填制的记账凭证内容如下图 2.5.10 所示。

记 账 凭 证

2017 年 12 月 5 日　　　　　　　　字第　　号

摘要	总账科目	明细科目	借方金额										贷方金额										记账签章
			千	百	十	万	千	百	十	元	角	分	千	百	十	万	千	百	十	元	角	分	
收到投资款	银行存款	中国银行			1	5	0	0	0	0	0	0											
收到投资款	实收资本	父母													1	5	0	0	0	0	0	0	
合计金额				¥	1	5	0	0	0	0	0	0		¥	1	5	0	0	0	0	0	0	

附件　张

会计主管：　　　记账：　　　出纳：　　　复核：　　　制单：

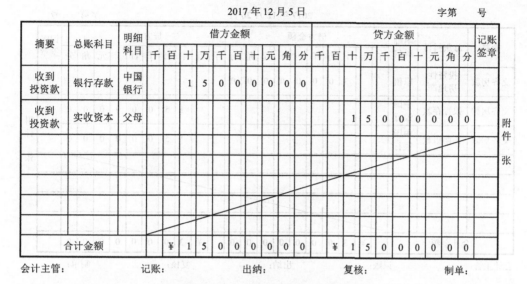

图 2.5.10　首付处理的记账凭证

二、商品房的处理

案例中，150 000 元贷款是以小王的名义申请的，300 000 元的网点房产权证上的名字也是小王，在相继办完贷款手续、房产证后，小王真正成为房屋的主人，这套 300 000 元的网点房是小王的财产，而且小王并不打算住在小网点房里，而是想对外出租，赚取租金。此外，小王从银行取得的 10 年期按揭贷款，每月为此偿还 1 583.66 元的本息，同时中国银行的 150 000 元存款也交付了开发商。

所以在按揭买房这件事情上，一方面资产中的投资性房地产增加 300 000 元，同时负债中的长期借款增加 150 000 元，资产中的存款减少了 150 000 元，资产 = 负债 + 所有者权益等式仍然成立。

12 月 26 日，小王办完各种手续后，要编制以下分录：

借：投资性房地产——原值　　　　　　　　300 000

　　贷：银行存款——中国银行　　　　　　　　150 000

　　　　长期借款——中国银行　　　　　　　　150 000

根据会计分录，填制的记账凭证如图 2.5.11 所示。

记 账 凭 证

2017 年 12 月 26 日　　　　　　字第　　号

摘要	总账科目	明细科目	借方金额										贷方金额										记账签章
			千	百	十	万	千	百	十	元	角	分	千	百	十	万	千	百	十	元	角	分	
交齐房款	投资性房地产	原值			3	0	0	0	0	0	0	0											
交齐房款	银行存款	中国银行													1	5	0	0	0	0	0	0	
交齐房款	长期借款	中国银行													1	5	0	0	0	0	0	0	
合计金额				¥	3	0	0	0	0	0	0	0		¥	3	0	0	0	0	0	0	0	

附件　张

会计主管：　　记账：　　出纳：　　复核：　　制单：

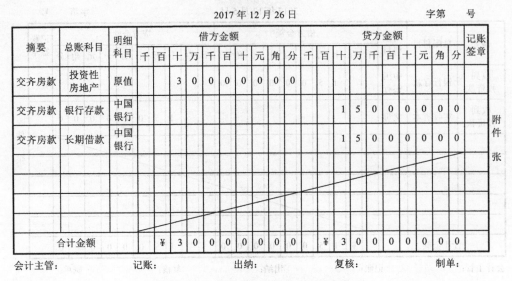

图 2.5.11　商品房处理的记账凭证

案例记账

月底，小王根据正确无误的记账凭证登记 T 型账户或者明细账，登账后记账凭证中打“√”，表示登账完毕。登账后的记账凭证分别如图 2.5.12 和图 2.5.13 所示：

记 账 凭 证

2017 年 12 月 5 日　　　　　　字第　　号

摘要	总账科目	明细科目	借方金额										贷方金额										记账签章
			千	百	十	万	千	百	十	元	角	分	千	百	十	万	千	百	十	元	角	分	
收到投资款	银行存款	中国银行			1	5	0	0	0	0	0	0											√
收到投资款	实收资本	父母													1	5	0	0	0	0	0	0	√
合计金额				¥	1	5	0	0	0	0	0	0		¥	1	5	0	0	0	0	0	0	

附件　张

会计主管：　　记账：　　出纳：　　复核：　　制单：

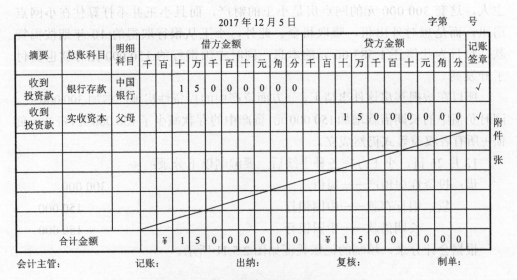

图 2.5.12　登账后的首付处理的记账凭证

记 账 凭 证

2017 年 12 月 26 日　　　　字第　　号

摘要	总账科目	明细科目	借方金额										贷方金额										记账签章
			千	百	十	万	千	百	十	元	角	分	千	百	十	万	千	百	十	元	角	分	
交齐房款	投资性房地产	原值			3	0	0	0	0	0	0	0											√
交齐房款	银行存款	中国银行													1	5	0	0	0	0	0	0	√
交齐房款	长期借款	中国银行													1	5	0	0	0	0	0	0	√
合计金额				¥	3	0	0	0	0	0	0	0		¥	3	0	0	0	0	0	0	0	

附件　张

会计主管：　　记账：　　出纳：　　复核：　　制单：

图 2.5.13　登账后的商品房处理的记账凭证

一、T 型账户

（一）收到投资款

如图 2.5.14 所示。

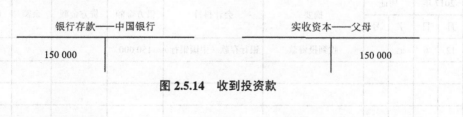

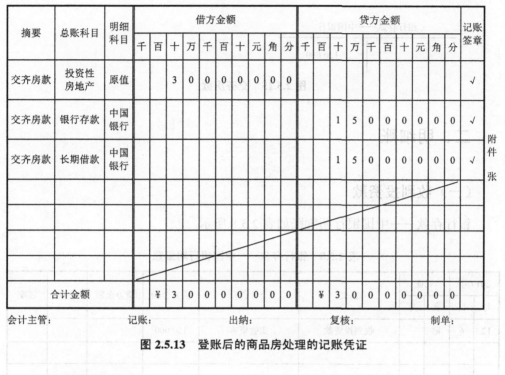

图 2.5.14　收到投资款

（二）交齐房款

如图 2.5.15 所示。

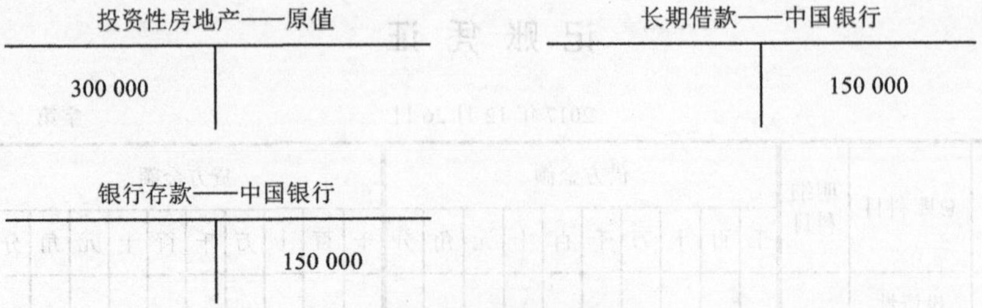

图 2.5.15 交齐房款

二、明细账

（一）收到投资款

银行存款——中国银行明细账如表 2.5.8 所示。

表 2.5.8 银行存款——中国银行明细账 单位：元

2017 年		凭证		摘要	会计科目	借方金额	贷方金额	余额	过账
月	日	字	号						
12	6	记		收到投资款	实收资本	150 000			

实收资本——父母明细账如表 2.5.9 所示。

表 2.5.9 实收资本——父母明细账 单位：元

2017 年		凭证		摘要	会计科目	借方金额	贷方金额	余额	过账
月	日	字	号						
12	6	记		收到投资款	银行存款（中国银行）	150 000			

（二）交齐房款

投资性房地产——原值明细账如表 2.5.10 所示。

表 2.5.10　投资性房地产——原值明细账　　单位：元

2017 年		凭证		摘要	会计科目	借方金额	贷方金额	余额	过账
月	日	字	号						
12	26	记		交齐房款	长期借款（中国银行）	300 000			

银行存款——中国银行明细账如表 2.5.11 所示。

表 2.5.11　银行存款——中国银行明细账　　单位：元

2017 年		凭证		摘要	会计科目	借方金额	贷方金额	余额	过账
月	日	字	号						
12	26	记		交齐房款	投资性房地产		150 000		

长期借款——中国银行明细账如表 2.5.12 所示。

表 2.5.12　长期借款——中国银行明细账　　单位：元

2017 年		凭证		摘要	会计科目	借方金额	贷方金额	余额	过账
月	日	字	号						
12	26	记		交齐房款	投资性房地产		150 000		

拓展知识

一、银行借款

这里的银行借款指的是房屋抵押贷款，简称房贷，是由购房者向银行填报申请，并提供证明文件；银行经过审查合格，向购房者承诺发放贷款，并办理房地产抵押登记和公证；同时，银行在规定期限内将资金直接划入卖方账户。

（一）房贷的分类

1. 按房贷资金的来源分类

房贷分为三种：公积金贷款、商业贷款和组合贷款。

公积金贷款是指按时向资金管理中心正常缴存住房公积金单位的在职职工，在本市购买、建造自住住房（包括二手住房）时，以其拥有的产权住房为抵押物，向资金管理中心申请的贷款。

商业贷款是指各商业银行向客户发放的个人住房贷款，主要包括一手房贷款、二手房贷款、商用房贷款和装修贷款等。

组合贷款是公积金贷款和商业贷款的组合，既包括公积金贷款，也有商业贷款。

2. 按房贷的还款方式分类

房贷分为月供和双周供。月供是指每月还款一次的贷款方式，双周供是指个人按揭贷款由传统的每月还款一次改为每两周还款一次，每次还款额为原来月供的一半。由于还款频率提高，借款人的还款总额有效减少，还款周期得以明显缩短，客户还能省下不少的利息。

3. 按还款金额的构成分类

房贷可分为等额本金和等额本息两种。等额本金是指每月偿还贷款本金相同，而利息随本金的减少逐月递减，直至期满还清。等额本息是指每月以相等的额度平均偿还贷款本息，直至期满还清。

此外，按房屋不同，房贷还可分为一手房贷款和二手房贷款等。

（二）房贷的首付

首付是指买房时购房者第一次付款的比例，余款可以选择按揭贷款，国家对首付比例有规定。

首付比例和利率受政策影响很大，以 2017 年 10 月的北京为例，首套房和二套房的首付和利率相差很大，具体如表 2.5.13 所示。

表 2.5.13　房贷的首付

项目	首付比例/%	贷款比例/%	贷款金额		利率
			商贷	公积金/元	
首套房	35～40	60～65	评估价×80%	80 万	受政策影响变动很大
二套房	60～80	20～40			

（三）月还款额

月还款额是指购房者选择按揭贷款后，按照既定的贷款总额、贷款方式、贷款年限以及还款方式，再根据现有的利率，计算出的每月归还银行的本息金额。购房者需要在还款日前往指定账户存入月还款额，否则就构成了逾期贷款。

购房者可以在购房前，利用网络上的房贷计算器，轻松估算月还款额，从而衡量自己的还款能力，调整贷款额度或年限。

案例总结

本节课主要学习利用银行借款买商品房的业务，主要涉及以下内容：

1. 首付的来源和处理

（1）如果是自有资金，直接减少资产——存款。

（2）如果是从亲戚朋友处借来的资金，按期限长短分别计入长期负债——借款或流动负债——借款。

（3）如果是父母投资不需归还，则计入权益——实收资本。

2. 交全款办手续的处理

（1）先交首付，再贷款，分别处理。

分两次处理，第一次是交首付时，第二次是办完贷款手续、划款时。

（2）交首付、办完贷款后一起处理。

案例中采用第二种，所有手续办完一起处理。从最终结果看，两种方法的结果是一样的。都是资产增加 30 万，负债增加 15 万，资产再减少 15 万。

补充练习

五年后，小王工作小有成就，待遇不菲，现有 20 万的存款。为充分利用这部分存款，小王决定再贷款买一套小的学区房，一方面，为了增值；另一方面，将来有需要也可以自住。

很快，小王看好了一套 40 平方米的小学区房，单价 1.5 万元，总价 60 万。因为是二套房，首付比例 50%，贷款利率上浮 10%。因此，小王又向父母借了 10 万元，加上自己的 20 万元，交了 30 万元的首付；小王通过中介向农业银行申请了 30 万元的贷款，20 年期，一个月后顺利通过审批、放款。小王名下又多了一套房。

请代小王进行相应的会计处理。

第四节　生活中的货币资金

案例引入

2017 年 12 月 5 日，小王给同学的公司做临时翻译，收到了 1 500 元现金报酬，小王直接把钱放到钱包里。12 月 10 日，同学与小王吃饭时看到小王鼓鼓的钱包，就问他怎么不把钱存到银行去，或者存到余额宝或财付通。在同学的建议下，当天小王就将 1 500 元现金存到了中国银行的卡里。

小王觉得奇怪，把钱存到银行，用的时候还得再取或者用卡支付，使用现金多方便。同学们，你们觉得小王的想法对吗？

案例分析

货币资金是处于货币形态的资金，按照形态和用途不同可以分为现金、银行存款和其他货币资金。货币资金是最活跃、流动性最强的资金，可以直接用于偿还、支付或流通。当取得收入时，货币资金会增加；当购买商品或偿还债务时，货币资金会减少。

一、现金

现金是会计主体持有的流动性最强的货币，按持有的货币币种不同，可以设不同的明细科目，比如现金——人民币、现金——美元等。

现金属于资产类账户，主要核算会计主体现金资产的增减变动情况，增加在借方，核算收入实现、债权收回等带来的现金增加；减少在贷方，核算发生支出、转账等导致的现金减少。余额在借方，表示主体持有的、可直接使用的资金。如图 2.5.16 所示。

借方　　　　现金	贷方
增加	减少
余额	

图 2.5.16　现金

二、银行存款

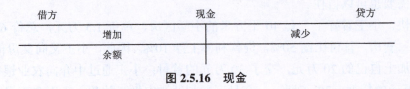

银行存款是会计主体在银行开户，并存放在银行的货币资金，企业有银行存

款，个人也有银行存款。按用途不同，企业在银行的开户主要有基本户、一般户、临时户和专用户。个人在同一家银行只能开一个账户，但可以在多家银行开多个账户。个人在银行开户时，需要实名认证。

银行存款也是核算存放在银行的货币资金的科目，通常按照开户银行的不同设不同的明细科目，比如银行存款——中国银行、银行存款——农业银行等。

银行存款属于资产类账户，增加在借方，核算因为收入增加、权益增加以及往来结算等增加的银行存款；减少在贷方，核算因为支出增加、权益减少或往来结算等减少的银行存款。期末，银行存款的余额在借方，表示某主体银行账户上的存款余额。如图 2.5.17 所示。

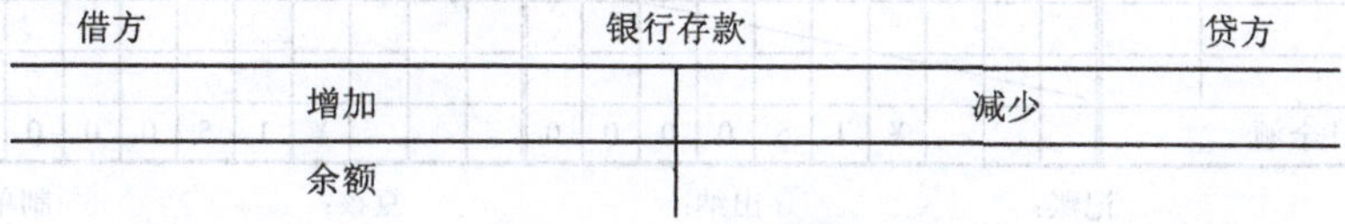

图 2.5.17　银行存款

三、其他货币资金

其他货币资金是除了现金、银行存款以外的货币资金，包括个人存放在支付宝账户的余额、微信账户的余额等，这些货币资金没有限制，可以直接使用，持有其他货币资金的目的不在于持有收益，而在于能够方便支付，且相对安全。

其他货币资金是资产类账户，核算会计主体持有的电子账户的余额，借方核算其他资金的增加，贷方核算其他资金的减少，余额在借方，表示个人持有的其他货币资金的余额。如图 2.5.18 所示。

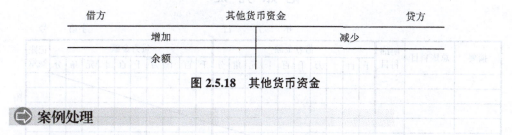

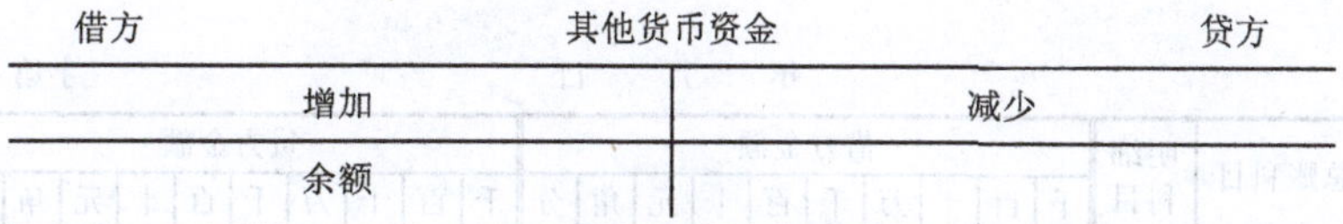

图 2.5.18　其他货币资金

案例处理

案例中，12 月 10 日，小王将 1 500 元现金存入中国银行的卡里后，现金减少 1 500 元，即资产减少 1 500 元，资产的减少在贷方；银行存款余额增加 1 500 元，资产增加 1 500 元，资产的增加在贷方。通过分析，小王编制的会计分录为：

借：银行存款——中国银行　　　　1 500

　　贷：现金　　　　1 500

根据编制的分录，小王可以填制如图 2.5.19 所示的记账凭证：

记 账 凭 证

2017 年 12 月 10 日　　　　字第　号

摘要	总账科目	明细科目	借方金额										贷方金额										记账签章
			千	百	十	万	千	百	十	元	角	分	千	百	十	万	千	百	十	元	角	分	
存现	银行存款	中国银行					1	5	0	0	0	0											
存现	现金																1	5	0	0	0	0	
合计金额						¥	1	5	0	0	0	0				¥	1	5	0	0	0	0	

附件　张

会计主管：　　记账：　　出纳：　　复核：　　制单：

图 2.5.19　存现的记账凭证

假如 12 月 15 日，单位组织集体出游，小王从银行卡取出 200 元现金以备不时之需。

这时小王的现金增加 200 元，银行存款减少 200 元。取现编制的分录与存现正好相反，分录如下：

借：现金　　　　　　　　　　　　　　　　200

　　贷：银行存款——中国银行　　　　　　　　200

同学们，你们可以参照存现的记账凭证和取现的分录，补充完整图 2.5.20 所示的取现的记账凭证：

记 账 凭 证

年　月　日　　　　字第　号

摘要	总账科目	明细科目	借方金额										贷方金额										记账签章
			千	百	十	万	千	百	十	元	角	分	千	百	十	万	千	百	十	元	角	分	
合计金额																							

附件　张

会计主管：　　记账：　　出纳：　　复核：　　制单：

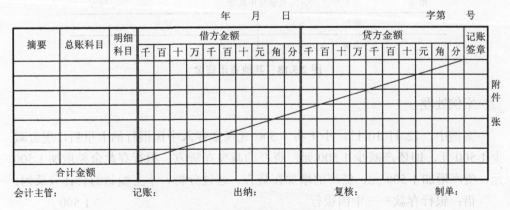

图 2.5.20　取现的记账凭证

案例记账

填制完记账凭证，小王要根据填制无误的记账凭证登记 T 型账户或明细账。登账后在记账凭证右侧的记账栏打“ √”，表示登账完毕。如图 2.5.21 所示。

记 账 凭 证

2017 年 12 月 10 日　　　　字第　　号

摘要	总账科目	明细科目	借方金额										贷方金额										记账签章
			千	百	十	万	千	百	十	元	角	分	千	百	十	万	千	百	十	元	角	分	
存现	银行存款	中国银行					1	5	0	0	0	0											√
存现	现金																1	5	0	0	0	0	√
合计金额						¥	1	5	0	0	0	0				¥	1	5	0	0	0	0	

附件　张

会计主管：　　记账：　　出纳：　　复核：　　制单：

图 2.5.21　登账完毕

一、T 型账户

如图 2.5.22 所示。

银行存款——中国银行	
1 500	

现金	
	1 500

图 2.5.22　T 型账户

二、明细账

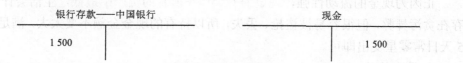

如表 2.5.14 和表 2.5.15 所示。

表 2.5.14 银行存款——中国银行明细账 单位：元

2017年		凭证		摘要	会计科目	借方金额	贷方金额	余额	过账
月	日	字	号						
12	10	记		存现	现金	1 500			

表 2.5.15 现金明细账 单位：元

2017年		凭证		摘要	会计科目	借方金额	贷方金额	余额	过账
月	日	字	号						
12	10	记		存现	银行存款（中国银行）		1 500		

拓展知识

一、现金

虽然现金的流动性最强，可以直接使用，但也有一定的缺陷。

1. 不安全

正因为现金的流动性强，现金的安全性在所有的资产中最低，生活会计中不存在贪污舞弊，但很容易被盗抢、丢失，所以持有的现金金额不要太大，满足3～5天日常零星支出即可。

2. 没有收益

1月1日的100元现金，持有到12月31日，仍然是100元现金；1月1日的100元银行存款，持有到12月31日，会有一年的活期或定期利息，要大于100元银行存款；1月1日的100元余额宝或财付通，持有一年，也会有不等的利息。

从收益的角度看，现金的收益率最低，所以持有的现金只需要满足日常零星开支即可，其余资金可以投入收益率更高的项目。

二、其他货币资金

企业的其他货币资金是指除现金、银行存款以外的其他各种货币资金，包括外埠存款、银行汇票存款、银行本票存款、信用卡存款、信用卡保证金存款以及存出投资款等。生活中也会存在现金、银行存款以外的其他货币资金，比如支付宝余额、微信零钱、电子支付 App 零钱余额以及各类会员卡余额等。

在消费时，其他货币资金视同现金可直接使用，但有的其他货币资金使用范围受限，只能在特定商家使用，且不能折现，比如会员卡储值余额。

跟现金、银行存款比，其他货币资金流动性稍弱。

案例总结

货币资金的三种形态，即现金、银行存款、其他货币资金可以相互转化，现金存入银行，变成银行存款；银行存款转入支付宝、微信余额，变成其他货币资金；其他货币资金也可以转化成银行存款，银行存款转化成现金。三种形态之间相互转化时，不涉及负债和所有者权益，只涉及资产，有的资产增加，有的资产减少，资产总额不变。

第五节　投资性房地产

案例引入

前段时间，小王为了赚取租金、赚取差价，贷款购买一套价值 30 万元的网点房。2017 年 12 月底，网点房交付后，小王立即把房子出租，每月租金 5 000 元，租期 1 年（2018 年 1 月——2018 年 12 月），押 1 付 6。2018 年 1 月 1 日，承租方按照合同约定，交付小王 1 个月的押金和 6 个月的租金，通过网银方式转账到小王的中国银行卡中。小王收到押金和租金后，该怎么处理呢？

2018 年 2 月，小区新建配套小学竣工，据说师资和硬件配置水平很高，2018 年秋季学期开始招生。受学区房这一好消息影响，小区及周边的房屋价格大涨，小王的网点房价格也水涨船高，不到半年已经涨价 5 万元。小王对此比较迷惑，自己的资产是不是增值了呢？同学们，你们觉得小王的网点房现在值多少钱呢？是购买时的 30 万元，还是现在的市场价 35 万元呢？

案例分析

一、押金和租金

在租房这个案例中，小王的中国银行卡余额增加了 35 000 元，即银行存款增加 35 000 元。其中有 5 000 元是押金，到期后需要归还承租方，作为其他应付款，属于负债增加 5 000 元。剩余的 30 000 元是 6 个月的租金，每个月 5 000 元，按照权责发生制原则要分期计入接下来 6 个月的每月收益中，不能直接计入 2018 年 1 月的收益，所以暂时计入预收账款，负债增加 30 000 元。

其他应付款是负债账户，核算主体应付、暂收其他单位或个人的往来款项。借方记减少，表示归还其他单位或个人的款项；贷方记增加，表示收到其他单位或个人的款项。余额在贷方，表示收到的，还未归还的往来款项。如图 2.5.23 所示。

借方　　　　其他应付款	贷方
减少	增加
	余额

图 2.5.23　其他应付款

预收账款是负债账户，核算会计主体因业务往来提前收取的其他单位或个人的款项，需要在未来用劳务或产品加以偿还。借方记减少，表示向其他单位或个人偿还劳务或产品；贷方记增加，表示收到其他单位或个人的预付款项。余额在贷方，表示收到的，尚未偿还的往来款项。如图 2.5.24 所示。

借方　　　　预收账款	贷方
减少	增加
	余额

图 2.5.24　预收账款

案例处理

通过分析，我们发现 2018 年 1 月 1 日，小王的中国银行卡余额增加 35 000 元，资产增加 35 000 元，记入银行存款借方；同时小王要在 1 年后还承租方 5 000 元，即负债增加 5 000 元，记入其他应付款贷方；剩下的 30 000 元是 2018 年 1 月至 6 月的房租，按照权责发生制要平均记入 1 至 6 月的房租收入中，现在收入还未实现，记入预收账款贷方。

为简化核算，本案例不考虑租房产生的各项税费。

小王在收到押金和租金后，应当做如下处理：

借：银行存款——中国银行　　35 000

　贷：其他应付款——押金　　5 000

　　　预收账款——房租　　30 000

填制的记账凭证如图 2.5.25 所示。

记 账 凭 证

2018 年 1 月 1 日　　字第　　号

摘要	总账科目	明细科目	借方金额										贷方金额										记账签章
			千	百	十	万	千	百	十	元	角	分	千	百	十	万	千	百	十	元	角	分	
收到押 1 付 6	银行存款	中国银行				3	5	0	0	0	0	0											
收到押 1 付 6	其他应付款	押金															5	0	0	0	0	0	
收到押 1 付 6	预收账款	房租														3	0	0	0	0	0	0	
合计金额					¥	3	5	0	0	0	0	0			¥	3	5	0	0	0	0	0	

附件　张

会计主管：　　记账：　　出纳：　　复核：　　制单：

图 2.5.25　押金和租金的记账凭证

2018 年 1 月底，小王实现了第 1 个月的房租收入，负债减少 5 000 元，同时房租收入增加 5 000 元。因为房租收入不是小王的主业，所以不计入主营收入，而是计入其他业务收入核算。

租房的第 1 个月底，小王做如下处理：

借：预收账款——房租　　5 000

　贷：其他收入——房租　　5 000

填制如图 2.5.26 所示的记账凭证。

记 账 凭 证

2018 年 1 月 31 日　　　　　　　　字第　　号

摘要	总账科目	明细科目	借方金额										贷方金额										记账签章
			千	百	十	万	千	百	十	元	角	分	千	百	十	万	千	百	十	元	角	分	
租房第 1 个月	预收账款	房租					5	0	0	0	0	0											
租房第 1 个月	其他收入	房租															5	0	0	0	0	0	
合计金额						¥	5	0	0	0	0	0				¥	5	0	0	0	0	0	

附件　张

会计主管：　　　　记账：　　　　出纳：　　　　复核：　　　　制单：

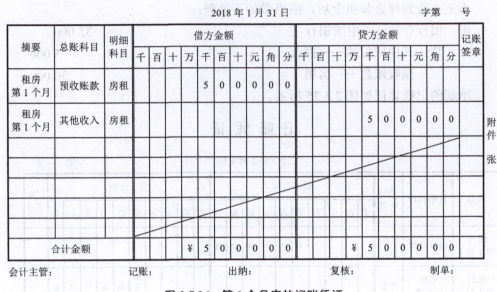

图 2.5.26　第 1 个月底的记账凭证

二、房产增值

《企业会计准则》规定对于投资性房地产，企业可以按照成本模式计量，也可以按照公允价值模式计量，一旦选定不允许随意变更。个人的投资性房地产也可以参照企业，从目前的行情来看，房地产是保值增值的，所以选择公允价值模式计量更符合资产的价值。

公允价值也叫公允市价、公允价格，是熟悉市场的买卖双方在公平、自愿的条件下确定的价格。通俗地讲，公允价值就是一个愿卖，一个愿买的价格。

按照公允价值对投资性房地产账面价值进行调整的时点，建议安排在年末。除非需要按照房产现时的公允价值及时做出账务处理，比如发生对资产进行处置或其他特殊情况。

（1）当期末，投资性房地产出现增值时，一方面，增加投资性房地产的账面金额；另一方面，将增值部分记入当期损益，增加收益。

小王应该进行如下处理：

借：投资性房地产——价值变动　　　　　　　　50 000

　　贷：投资收益——房产增值　　　　　　　　　　50 000

填制的记账凭证如图 2.5.27 所示。

记 账 凭 证

2018 年 1 月 31 日　　　　　　　　　　　　　　字第　　号

摘要	总账科目	明细科目	借方金额										贷方金额										记账签章
			千	百	十	万	千	百	十	元	角	分	千	百	十	万	千	百	十	元	角	分	
期末，房价涨	投资性房地产	价值变动				5	0	0	0	0	0	0											
期末，房价涨	投资收益	房产增值														5	0	0	0	0	0	0	
合计金额					¥	5	0	0	0	0	0	0			¥	5	0	0	0	0	0	0	

附件　张

会计主管：　　　记账：　　　出纳：　　　复核：　　　制单：

图 2.5.27　投资性房地产增值

（2）当期末，投资性房地产出现减值时，一方面，减少投资性房地产的账面金额；另一方面，将减值部分记入当期损益，减少收益。

假如网点房的市价下跌 50 000 元，就做相反方向的处理：

借：投资收益——房产减值　　　　　　　　　　50 000

　　贷：投资性房地产——价值变动　　　　　　　　50 000

填制的记账凭证如图 2.5.28 所示。

记 账 凭 证

2018 年 1 月 31 日　　　　　　　　　　　　　　字第　　号

摘要	总账科目	明细科目	借方金额										贷方金额										记账签章
			千	百	十	万	千	百	十	元	角	分	千	百	十	万	千	百	十	元	角	分	
期末，房价跌	投资收益	房产减值				5	0	0	0	0	0	0											
期末，房价跌	投资性房地产	价值变动														5	0	0	0	0	0	0	
合计金额					¥	5	0	0	0	0	0	0			¥	5	0	0	0	0	0	0	

附件　张

会计主管：　　　记账：　　　出纳：　　　复核：　　　制单：

图 2.5.28　投资性房地产减值

案例记账

月末，小王根据准确的记账凭证登记 T 型账户或明细账，登账后在记账凭证的记账签章栏打“√”，表示登账完毕。登账后的记账凭证如图 2.5.29～图 2.5.32 所示：

记 账 凭 证

2018 年 1 月 1 日　　　　字第　　号

摘要	总账科目	明细科目	借方金额										贷方金额										记账签章
			千	百	十	万	千	百	十	元	角	分	千	百	十	万	千	百	十	元	角	分	
收到押 1 付 6	银行存款	中国银行				3	5	0	0	0	0	0											√
收到押 1 付 6	其他应付款	押金															5	0	0	0	0	0	√
收到押 1 付 6	预收账款	房租														3	0	0	0	0	0	0	√
合计金额					¥	3	5	0	0	0	0	0			¥	3	5	0	0	0	0	0	

附件　张

会计主管：　　记账：　　出纳：　　复核：　　制单：

图 2.5.29　登账后的押金和租金记账凭证

记 账 凭 证

2018 年 1 月 31 日　　　　字第　　号

摘要	总账科目	明细科目	借方金额										贷方金额										记账签章
			千	百	十	万	千	百	十	元	角	分	千	百	十	万	千	百	十	元	角	分	
租房第 1 个月	预收账款	房租					5	0	0	0	0	0											√
租房第 1 个月	其他收入	房租															5	0	0	0	0	0	√
合计金额						¥	5	0	0	0	0	0				¥	5	0	0	0	0	0	

附件　张

会计主管：　　记账：　　出纳：　　复核：　　制单：

图 2.5.30　登账后的第 1 个月底的记账凭证

记 账 凭 证

2018 年 1 月 31 日　　　　字第　　号

摘要	总账科目	明细科目	借方金额										贷方金额										记账签章
			千	百	十	万	千	百	十	元	角	分	千	百	十	万	千	百	十	元	角	分	
期末，房价涨	投资性房地产	价值变动				5	0	0	0	0	0	0											√
期末，房价涨	投资收益	房产增值														5	0	0	0	0	0	0	√
合计金额					¥	5	0	0	0	0	0	0			¥	5	0	0	0	0	0	0	

附件　　张

会计主管：　　记账：　　出纳：　　复核：　　制单：

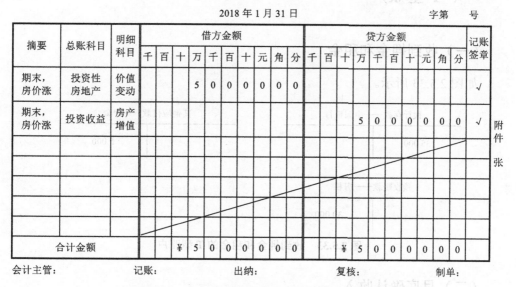

图 2.5.31　登账后的投资性房地产增值的记账凭证

记 账 凭 证

2018 年 1 月 31 日　　　　字第　　号

摘要	总账科目	明细科目	借方金额										贷方金额										记账签章
			千	百	十	万	千	百	十	元	角	分	千	百	十	万	千	百	十	元	角	分	
期末，房价跌	投资收益	房产减值				5	0	0	0	0	0	0											√
期末，房价跌	投资性房地产	价值变动														5	0	0	0	0	0	0	√
合计金额					¥	5	0	0	0	0	0	0			¥	5	0	0	0	0	0	0	

附件　　张

会计主管：　　记账：　　出纳：　　复核：　　制单：

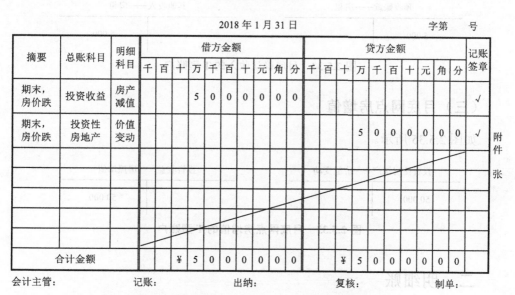

图 2.5.32　登账后的投资性房地产减值的记账凭证

一、T 型账户

（一）收到押金和租金

如图 2.5.33 所示。

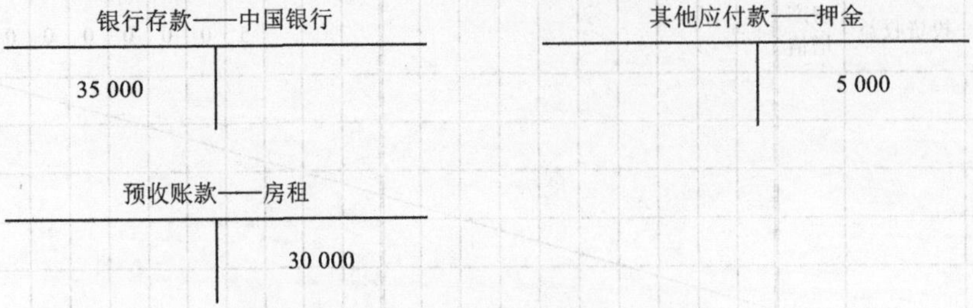

图 2.5.33　收到押金和租金的 T 型账户

（二）月底确认收入

如图 2.5.34 所示。

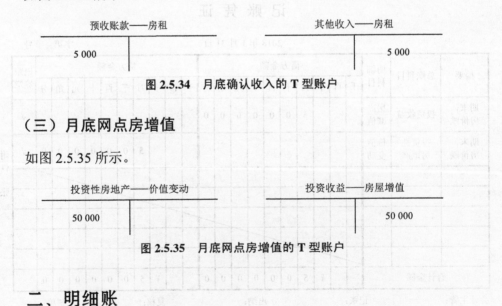

图 2.5.34　月底确认收入的 T 型账户

（三）月底网点房增值

如图 2.5.35 所示。

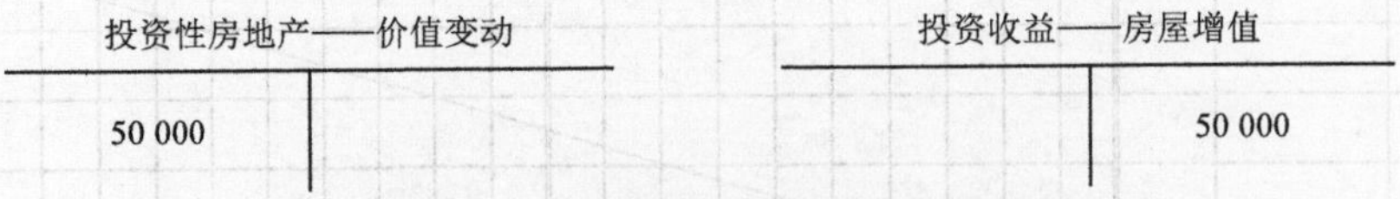

图 2.5.35　月底网点房增值的 T 型账户

二、明细账

（一）收到押金和租金

如表 2.5.16～表 2.5.18 所示。

表 2.5.16　银行存款——中国银行明细账　单位：元

2018 年		凭证		摘要	会计科目	借方金额	贷方金额	余额	过账
月	日	字	号						
1	1	记		收到租金和押金	其他应付款	35 000			

表 2.5.17　预收账款——房租明细账　单位：元

2018 年		凭证		摘要	会计科目	借方金额	贷方金额	余额	过账
月	日	字	号						
1	1	记		收到 6 个月租金	银行存款（中国银行）		30 000		

表 2.5.18　其他应付款——押金明细账　单位：元

2018 年		凭证		摘要	会计科目	借方金额	贷方金额	余额	过账
月	日	字	号						
1	1	记		收到 1 个月押金	银行存款（中国银行）		5 000		

（二）月底确认收入

如表 2.5.19、表 2.5.20 所示。

表 2.5.19　预收账款——房租明细账　单位：元

2018 年		凭证		摘要	会计科目	借方金额	贷方金额	余额	过账
月	日	字	号						
1	1	记		1 个月房租收入	其他收入	5 000			

表 2.5.20　其他收入——房租明细账　　单位：元

2018 年		凭证		摘要	会计科目	借方金额	贷方金额	余额	过账
月	日	字	号						
1	31	记		1 个月房租收入	预收账款		5 000		

（三）月底网点房增值

如表 2.5.21、表 2.5.22 所示。

表 2.5.21　投资性房地产——价值变动明细账　　单位：元

2018 年		凭证		摘要	会计科目	借方金额	贷方金额	余额	过账
月	日	字	号						
1	31	记		月底，网点房涨	投资收益——房屋	50 000			

表 2.5.22　投资收益——房屋增值明细账　　单位：元

2018 年		凭证		摘要	会计科目	借方金额	贷方金额	余额	过账
月	日	字	号						
1	31	记		月底，网点房涨	投资性房地产（价值变动）	50 000			

拓展知识

一、投资决策

我们发现，投资性房地产使得小王的资产增加两方面：一是网点房自身的增值 50 000 元；二是出租网点房的租金收益。但这两方面有所不同，租金直接增加了银行存款，是实现的资产增加；而网点房自身的增值 50 000 元需要在变现网点房时才能实现，如果暂时不打算出售，这块资产的增加是未实际实现的。

假如购买网点房的 30 万元存款没有买房，而是存入银行（活期或定期），结果会怎样？我们从两个方面比较：

1. 半年内收益

30 万元购房款存入银行半年（活期利率 0.3%或半年利率 1.69%），半年的利息收入是 450 元或 2 535 元；而网点房出租每月租金 5 000 元，扣除每月还房贷本息合计 1 584 元，每月的租金净收入是 3 416 元，半年租金总收入是 20 496 元。

2. 半年后价值

半年后存入银行的 30 万元购房款依旧是 30 万元；而半年后的网点房受学区房影响升值 5 万元，市场价格为 35 万元。

具体如表 2.5.23 所示。

表 2.5.23　投资决策对比

单位：元

项　目	半年收益	半年后账面价值
30 万元银行存款	450/2 535	300 000
30 万元网点房	20 496	350 000
差额	20 046/17 961	50 000

通过上述对比，我们可以做出自己的选择。各位同学，你们的选择是什么呢？是留钱还是留房？

案例总结

本次课的要点有 3 个：

（1）投资性房地产的持有目的，不是自住、自用，而是用于出租，赚取租金或者待价格上涨后出售，赚取差价。

（2）投资性房地产的内容包括土地使用权或用于赚取租金或差价的建筑物，通常它们有较为活跃的交易市场，能够不受限制地自由转让，转让价格相对透明。

（3）投资性房地产的计量有两种模式：历史成本和公允价值。按照目前的行情，采用公允价值更能反映资产的真实价值。如果采用公允价值计量，不需要计提房屋折旧，只需要在期末按公允价值调整该房产的价值，调整金额计入本期损益。

第六节 生活中的信用卡

案例引入

一天，小王的同学请小王帮忙。同学在银行工作，每个月有办信用卡的任务，同学给小王讲了使用信用卡的好处，虽然小王似懂非懂，但为了同学情谊，小王还是填写了信用卡申请表。大约 1 个月后，小王收到了银行寄来的信用卡，额度 15 000 元。按照提示说明，小王开通了信用卡，并设置了提现和支付密码。

12 月 8 日下班后，小王去超市采购日用品，结算时小王掏出了刚开通的信用卡，小王没有往卡上存钱，竟然支付成功 150 元。小王一直想不明白，明明卡上没有余额，为什么能支付成功呢？

案例分析

按照不同的分类标准，银行卡有不同的分类：

（1）按照银行是否给持卡人授信额度，银行卡分借记卡和贷记卡。

借记卡通常具有转账、消费、存取现金的功能，但不能透支，卡内的金额按活期存款计付利息。所谓透支是指银行允许客户超过存款额度的放款形式。消费或提款时资金直接从储蓄账户划出。借记卡在使用时一般需要密码。小王的工资卡就属于借记卡。

贷记卡又叫信用卡，是指发卡银行给予持卡人一定的信用额度，持卡人可在信用额度内先消费，后还款。信用卡享有免息缴款期（最长可达 56 天），并设有最低还款额，客户可自主分期还款。通常情况下，客户需要缴纳一定的年费，不少银行为吸引客户，约定每年至少刷卡几次可以免次年的年费。小王办的额度 15 000 元的卡就属于信用卡。

（2）按卡片存储信息的载体不同，银行卡分为磁条卡和芯片卡。

磁条卡采用磁性介质存储，可轻易被读取、被复制。无密码时，复制的卡片无认证，极易被盗刷，安全系数低。

芯片卡采用安全芯片存储以及加密计算，采取三层非对称密钥体系，以及交易过程中的联机认证，卡信息难以被破解、获取、复制，交易过程中动态数据、交易数据参与认证，交易不被篡改，安全系数高。

此外，银行卡还可以分为单位卡和个人卡，人民币卡和外币卡。

案例处理

在这个案例中，小王使用信用卡购买 150 元的日用品，一方面，信用卡的额度使用了 150 元，最低还款日前需要偿还银行 150 元，即短期负债增加 150 元；另一方面，小王买回 150 元的日用品，用于日常生活，属于费用增加 150 元。

通过上述分析，小王可以做如下处理：

借：管理费用——日用品　　150

　　贷：短期借款——信用卡　　150

根据会计分录，小王可以填制如图 2.5.36 所示的记账凭证：

记 账 凭 证

2017 年 12 月 8 日　　　　字第　　号

摘要	总账科目	明细科目	借方金额										贷方金额										记账签章
			千	百	十	万	千	百	十	元	角	分	千	百	十	万	千	百	十	元	角	分	
信用卡买日用品	管理费用	日用品						1	5	0	0	0											
信用卡买日用品	短期借款	信用卡																1	5	0	0	0	
合计金额							¥	1	5	0	0	0					¥	1	5	0	0	0	

附件　张

会计主管：　　记账：　　出纳：　　复核：　　制单：

图 2.5.36　使用信用卡消费的记账凭证

假定小王在还款日前还款，不需要支付利息，只要偿还使用的 150 元即可。还完信用卡，小王的中国银行卡存款余额减少 150 元，资产减少 150 元；同时欠银行的短期借款也减少 150 元，负债减少 150 元。

借：短期借款——信用卡　　150

　　贷：银行存款——中国银行　　150

假定 12 月 24 日小王偿还了信用卡，填制的记账凭证如图 2.5.37 所示：

记 账 凭 证

2017 年 12 月 24 日　　　　　　　　　　字第　　号

摘要	总账科目	明细科目	借方金额 千	百	十	万	千	百	十	元	角	分	贷方金额 千	百	十	万	千	百	十	元	角	分	记账签章
还信用卡	短期借款	信用卡						1	5	0	0	0											
还信用卡	银行存款	中国银行																1	5	0	0	0	
合计金额							¥	1	5	0	0	0					¥	1	5	0	0	0	

附件　张

会计主管：　　记账：　　出纳：　　复核：　　制单：

图 2.5.37　还完信用卡的记账凭证

（备注：如果超过了还款日还款，用户需要缴纳违约金和利息，此处只讲免息期内还款的情形。）

案例记账

月末，小王根据准确的记账凭证登记 T 型账户或明细账，登账后在记账凭证中打“√”，表示登账完毕。如图 2.5.38、图 2.5.39 所示。

记 账 凭 证

2017 年 12 月 8 日　　　　　　　　　　字第　　号

摘要	总账科目	明细科目	借方金额 千	百	十	万	千	百	十	元	角	分	贷方金额 千	百	十	万	千	百	十	元	角	分	记账签章
信用卡买日用品	管理费用	日用品						1	5	0	0	0											√
信用卡买日用品	短期借款	信用卡																1	5	0	0	0	√
合计金额							¥	1	5	0	0	0					¥	1	5	0	0	0	

附件　张

会计主管：　　记账：　　出纳：　　复核：　　制单：

图 2.5.38　登账后的使用信用卡消费的记账凭证

记 账 凭 证

2017 年 12 月 24 日　　　　字第　　号

摘要	总账科目	明细科目	借方金额										贷方金额										记账签章
			千	百	十	万	千	百	十	元	角	分	千	百	十	万	千	百	十	元	角	分	
还信用卡	短期借款	信用卡						1	5	0	0	0											√
还信用卡	银行存款	中国银行																1	5	0	0	0	√
合计金额							¥	1	5	0	0	0					¥	1	5	0	0	0	

附件　张

会计主管：　　记账：　　出纳：　　复核：　　制单：

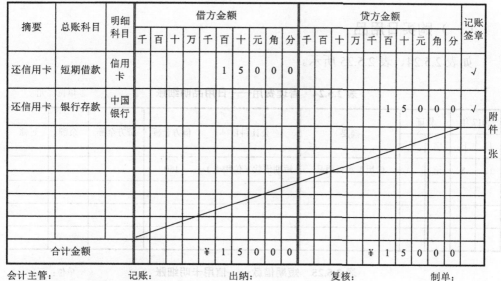

图 2.5.39　登账后的还完信用卡的记账凭证

一、T 型账户

（一）购买日用品

如图 2.5.40 所示。

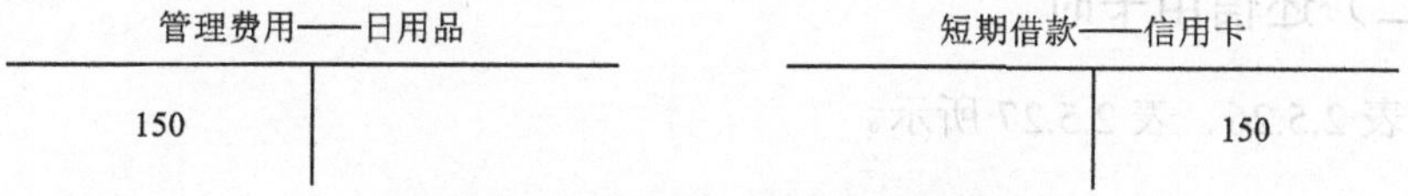

图 2.5.40　购买日用品的 T 型账户

（二）还信用卡时

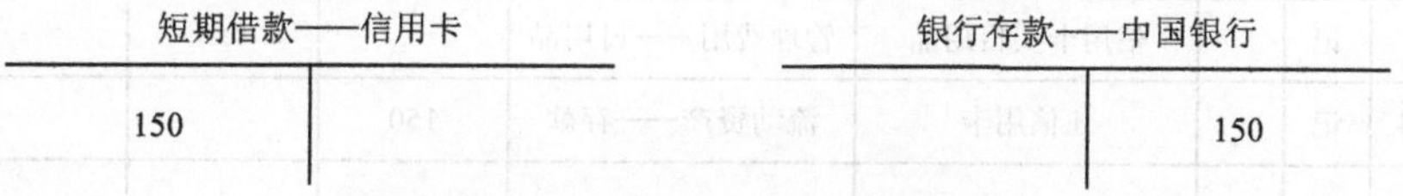

图 2.5.41　还信用卡时的 T 型账户

二、明细账

（一）购买日用品

如表 2.5.24、表 2.5.25 所示。

表 2.5.24　管理费用——日用品明细账　　单位：元

2017 年		凭证		摘要	会计科目	借方金额	贷方金额	余额	过账
月	日	字	号						
12	8	记		信用卡买日用品	短期借款（信用卡）	150			

表 2.5.25　短期借款——信用卡明细账　　单位：元

2017 年		凭证		摘要	会计科目	借方金额	贷方金额	余额	过账
月	日	字	号						
12	8	记		信用卡买日用品	短期借款——日用品		150		

（二）还信用卡时

如表 2.5.26、表 2.5.27 所示。

表 2.5.26　短期借款——信用卡明细账　　单位：元

2017 年		凭证		摘要	会计科目	借方金额	贷方金额	余额	过账
月	日	字	号						
12	8	记		信用卡买日用品	管理费用——日用品		150		
12	24	记		还信用卡	流动资产——存款	150			

表 2.5.27 银行存款——中行明细账 单位：元

2017 年		凭证		摘要	会计科目	借方金额	贷方金额	余额	过账
月	日	字	号						
12	24	记		还信用卡	短期借款（信用卡）		150		

拓展知识——信用卡

一、信用卡的本质

使用信用卡实质上是取得短期借款。前面案例中小王从银行取得 15 万元的房贷，属于长期借款，还款期限较长，最长可以达 30 年；而短期借款期限在 1 年以内。这个案例中小王使用信用卡消费 150 元，最长免费使用期达到 56 天，从这点看，使用信用卡实质上是取得短期借款。

二、免息期

必须清楚账单日和还款日，才能知道可以免费使用多长时间的银行借款，即免息期。

（一）账单日

账单日是发卡银行每月定期对持卡人的信用卡账户当期发生的各项交易费用等进行汇总结算，并结计利息，从而计算出持卡人当期应还款项的日期。每家银行的账单日不同，大都是每月的 1 号。

（二）还款日

还款日是持卡人必须还款给银行的日子，每家银行的日期也不相同，一般为每月的 25 日，也有银行把还款日定在每月的 23 日。

真正意义上的免息期实际上是账单日到还款日之间的时间，由于持卡人的消费日期不同，就会出现 25～56 天不同的免息期。

我们从网上收集了不同银行免息期的汇总图片，可以看到各家银行的免息期不尽相同。如图 2.5.42 所示。

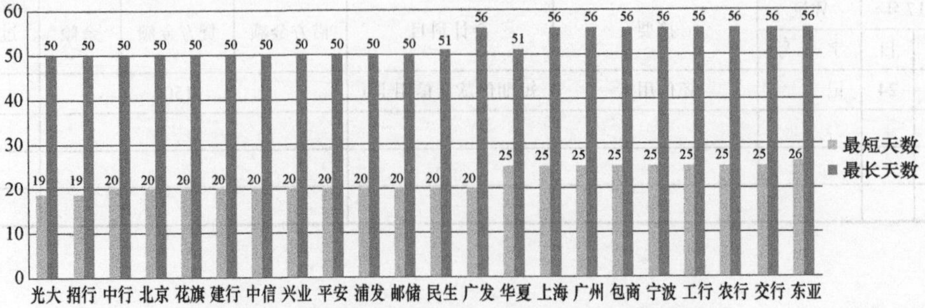

图 2.5.42　22 家主流银行的还款免息期一览表

假定小王的账单日是每月的 1 日，而还款日是每月的 25 日。

10 月 8 日，小王消费了 150 元，此时 10 月 1 日的账单日已经完成，那么这笔消费会出现在 11 月 1 日的账单上，11 月 25 日是最晚的还款日，小王可以享受 10 月的 24 天、11 月的 25 天，合计 49 天的免息期。

如果小王是在 9 月 30 日刷卡消费 150 元，那么这笔消费会出现在 10 月 1 日的账单上，10 月 25 日是最晚的还款日，小王只能享受 25 天的免息期。

通过上述分析，我们发现了解银行的账单日和还款日，可以最大限度地利用银行免费借款。

三、最低还款额

对于信用卡全部应还款额，当持卡人无法偿还全部应还款额时，可以还全部应还款额的 10%，这部分资金被称为最低还款额。

比如，小王的信用卡账单日是 1 日，最后还款日是 25 日，本期账单全部应还款额为 150 元，在 25 日最后还款日前应还款 150 元。那么本期最低还款额为 150 元的 10%，即 15 元。如果小王还了 15 元，就不会影响个人征信。

最低还款额能缓解持卡人当前的经济压力，不影响个人征信记录。但不能享受免息期优惠，要按天支付全款的万分之五利息。

所以，如果短期内不能还款的话，还是申请分期还款更为划算。因为分期付款或商业贷款年利息在 5%左右，而最低还款额折合年利息超过 18%。

四、违约金

还款日，如果实际的还款额低于最低还款额，最低还款额未还部分要支付违约金，一般为最低还款额未还部分的 5%。现在不少银行公布违约金的上下限，比如工商银行公布的违约金下限是1元，上限是500元。

五、信用卡取现

信用卡可以透支取现，但取现需要按天计息，从取现当天开始计算，所以如果不是临时急用的话，不建议信用卡取现。

可以随时携带一张借记卡，里面存有少量现金，以备急用取现。日常消费可以使用信用卡，享受免息期。

信用卡每一次的还款记录都计入个人征信档案。良好的信用记录可以积累信誉财富，获得银行贷款和优惠的金融服务。

同学们，应珍惜个人信用，正确使用信用卡。

第七节 日常费用支出

案例引入

随着时代的发展、社会的进步，商品日益丰富，现代社会的主要矛盾是人民日益增长的美好生活需要和不平衡、不充分的发展之间的矛盾。

工作后，小王发现每天都要花钱，小到出行坐车、吃饭穿衣，大到买房、买车、买股票。商场里、马路上、网络中无处不在、随时更新的广告也在挑战着购买的欲望。上班坐公交要花钱；买早餐要花钱；逛淘宝要花钱；午餐要花钱；晚餐要花钱；看电影要花钱。花钱的地方到处都是，不知不觉就成了月光族。虽然觉得每月好像没买什么东西，可钱确实没有了，到底把钱花到哪里了呢？小王决定好好记账。

案例分析

经过一段时间的摸索，小王把支出情况分成两大类：日常零星支出和大额支出。日常零星支出每月都会发生，但大额支出不是每月都会发生。其中一部分日常开支，如交通费、通信费、水电气物业费、日用品开支等，这些必需的支出金额相对固定；还有的日常开支包括服装饰品、休闲娱乐、人情往来等也经常发生，但金额和发生的时间都不固定。如表2.5.28所示。

表 2.5.28 支出情况

项目		特点	内容
日常支出	必需支出	金额稳定、每月必需	交通、通信、水电气物业等
	必需支出	金额不稳定	餐费、服装饰品等
	可需支出		休闲娱乐、人情往来、旅游消费

日常支出是会计主体维持生活、工作的正常支出和必需支出，发生时计入管理费用账户。管理费用属于损益类账户，增加在借方，表示发生日常支出，费用增加；减少在贷方，表示日常支出减少，结转到净收益账户。期末结转后，管理费用账户无余额。如图 2.5.43 所示。

借方	管理费用 贷方
增加	减少
余额	

图 2.5.43 日常支出

日常支出的范围涵盖吃、穿、住、用、行、玩等多方面，可以按照支出内容的不同，设不同的管理费用明细账，比如管理费用——交通费、管理费用——餐费等，当出现新的支出项目时，直接增加明细科目即可。

案例处理

为了完整、及时地记录每月的支出状况，我们根据支出的特点做如下分类，分别根据不同情况进行处理。

1. 一次性发生，有发票——发生时记账

这种支出每月都发生，例如充值公交卡、交物业费、交电话费等，并且有发票或收据，当拿到发票或收据时，根据发票或收据的金额及支付方式记账。

乘车使用公交卡不仅方便，还有优惠。2017 年 12 月 7 日，小王往公交卡里预存了 100 元现金，取得了 100 元的发票。

借：管理费用—交通费　　100

　　贷：现金　　100

2017 年 12 月 7 日，小王去物业公司用现金交物业费 100 元，取得了 100 元的收据，处理方式跟上个案例相同。

借：管理费用——物业费　　100

　　贷：现金　　100

根据上述业务的分录，小王可以填制如图 2.5.44 所示的记账凭证：

记 账 凭 证

2017 年 12 月 7 日　　　　　　　　　　字第　　号

摘要	总账科目	明细科目	借方金额 千	百	十	万	千	百	十	元	角	分	贷方金额 千	百	十	万	千	百	十	元	角	分	记账签章
充值公交卡和交物业费	管理费用	交通费						1	0	0	0	0											
充值公交卡和交物业费	管理费用	物业费						1	0	0	0	0											
充值公交卡和交物业费	现金																	2	0	0	0	0	
合计金额							¥	2	0	0	0	0					¥	2	0	0	0	0	

附件 2 张

会计主管：　　　　记账：　　　　出纳：　　　　复核：　　　　制单：

图 2.5.44　充值公交卡和交物业费的记账凭证

2. 一次性发生，无发票、无收据，有交易记录——发生时记账

2017 年 12 月 9 日，小王用支付宝余额交了 50 元的电话费，因为不是去营业厅现场交费，所以没有收据或发票，但可以在支付宝交易记录中查询到该支出内容，小王可以根据交易记录记账。

借：管理费用——通信费　　　　　　　　　　50

　　贷：其他货币资金——支付宝　　　　　　　50

虽然没有发票，小王可以利用交费截图作为附件填制如图 2.5.45 所示的记账凭证：

记账凭证

2017年12月9日　　　　字第　　号

摘要	总账科目	明细科目	借方金额										贷方金额										记账签章
			千	百	十	万	千	百	十	元	角	分	千	百	十	万	千	百	十	元	角	分	
交电话费	管理费用	通信费							5	0	0	0											
交电话费	其他货币资金	支付宝																	5	0	0	0	
合计金额								¥	5	0	0	0						¥	5	0	0	0	

附件　张

会计主管：　　记账：　　出纳：　　复核：　　制单：

图 2.5.45　用支付宝交话费的记账凭证

3. *多次发生，有发票——月末合计记账*

2017 年 12 月 10 日，小王请同学吃饭，花了 80 元，取得发票。2017 年 12 月 11 日，小王请同事喝饮料，总共 16 元，取得发票。都是使用支付宝余额付款。对于这种多次发生且有发票的支出，可以把发票汇总，月底一并入账。

借：管理费用——餐费　　96

　　贷：其他货币资金——支付宝　　96

根据准确的分录，小王将两张发票作为附件填写如图 2.5.46 所示的记账凭证：

记账凭证

2017年12月11日　　　　字第　　号

摘要	总账科目	明细科目	借方金额										贷方金额										记账签章
			千	百	十	万	千	百	十	元	角	分	千	百	十	万	千	百	十	元	角	分	
餐费	管理费用	餐费							9	6	0	0											
餐费	其他货币资金	支付宝																	9	6	0	0	
合计金额								¥	9	6	0	0						¥	9	6	0	0	

附件 2 张

会计主管：　　记账：　　出纳：　　复核：　　制单：

图 2.5.46　用支付宝请客的记账凭证

4. 多次发生，无发票，有交易记录——月末合计记账

2017 年 12 月 12 日，小王逛淘宝时，下单了运动服装一套，108 元；又下单了 5 双袜子，20 元。对于这种多次发生、没有发票，但是有交易记录的事项，小王可以在月底根据记录汇总记账。

借：管理费用——服装　　128

　　贷：其他货币资金——支付宝　　128

根据上述业务的分录，小王可以填制如图 2.5.47 所示的记账凭证。

记 账 凭 证

2017 年 12 月 12 日　　字第　号

摘要	总账科目	明细科目	借方金额										贷方金额										记账签章
			千	百	十	万	千	百	十	元	角	分	千	百	十	万	千	百	十	元	角	分	
服装饰品花费	管理费用	服装						1	2	8	0	0											
服装饰品花费	其他货币资金	支付宝																1	2	8	0	0	
合计金额							¥	1	2	8	0	0					¥	1	2	8	0	0	

附件　张

会计主管：　记账：　出纳：　复核：　制单：

图 2.5.47　服装饰品花费的记账凭证

5. 多次发生，无发票，无交易记录——随手记——月末统一记账

小王去农贸市场买菜，没有发票，需要及时记账（使用随手记 App），2017 年 12 月总共花了 500 元，小王月底根据 App 里的支出汇总一起记账。

借：管理费用——餐费　　500

　　贷：流动资产——现金　　500

根据上述业务的分录，小王可以填制如图 2.5.48 所示的记账凭证。

记 账 凭 证

2017 年 12 月 31 日　　　　　　　　　　字第　　号

摘要	总账科目	明细科目	借方金额										贷方金额										记账签章
			千	百	十	万	千	百	十	元	角	分	千	百	十	万	千	百	十	元	角	分	
食品餐饮花费	管理费用	餐费						5	0	0	0	0											
食品餐饮花费	现金																	5	0	0	0	0	
合计金额							¥	5	0	0	0	0					¥	5	0	0	0	0	

附件 2 张

会计主管：　　　　记账：　　　　出纳：　　　　复核：　　　　制单：

图 2.5.48　买菜的记账凭证

通过上述案例，我们发现发生这些支出时，一方面，减少了现金、银行存款或者支付宝余额等；另一方面，我们的基本生活需要得到满足。

所以发生的日常支出直接计入当期费用，不需要在以后期间分摊。按支出的具体内容，计入通信、交通、服装等明细科目，方便以后统计。

借：管理费用——通信、交通、餐费、服装、娱乐、旅游、其他

　　贷：现金、存款、其他资金

案例记账

月末，根据填制正确的记账凭证，小王可以登记 T 型账户或者明细账，登账后在记账凭证中打“√”，表示登账完毕。如图 2.5.49～图 2.5.53 所示。

记 账 凭 证

2017 年 12 月 7 日　　　　　　　　字第　　号

摘要	总账科目	明细科目	借方金额										贷方金额										记账签章
			千	百	十	万	千	百	十	元	角	分	千	百	十	万	千	百	十	元	角	分	
充值公交卡和交物业费	管理费用	交通费						1	0	0	0	0											√
充值公交卡和交物业费	管理费用	物业费						1	0	0	0	0											√
充值公交卡和交物业费	现金																	2	0	0	0	0	√
合计金额							¥	2	0	0	0	0					¥	2	0	0	0	0	

附件 2 张

会计主管：　　记账：　　出纳：　　复核：　　制单：

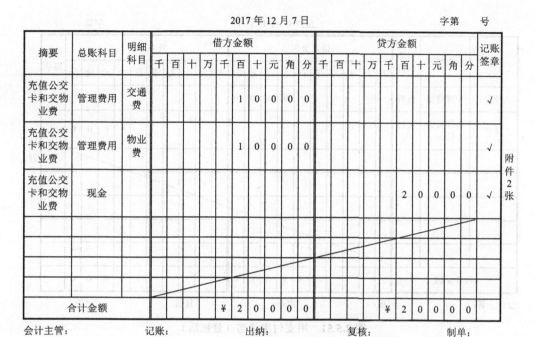

图 2.5.49　充值公交卡和交物业费（登账后）

记 账 凭 证

2017 年 12 月 9 日　　　　　　　　字第　　号

摘要	总账科目	明细科目	借方金额										贷方金额										记账签章
			千	百	十	万	千	百	十	元	角	分	千	百	十	万	千	百	十	元	角	分	
交电话费	管理费用	通信费							5	0	0	0											√
交电话费	其他货币资金	支付宝																	5	0	0	0	√
合计金额								¥	5	0	0	0						¥	5	0	0	0	

附件　张

会计主管：　　记账：　　出纳：　　复核：　　制单：

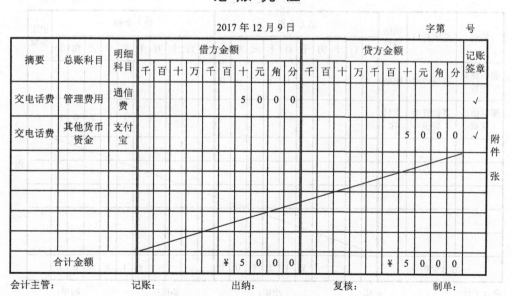

图 2.5.50　用支付宝交话费（登账后）

记 账 凭 证

2017 年 12 月 11 日　　　　　　字第　　号

摘要	总账科目	明细科目	借方金额										贷方金额										记账签章
			千	百	十	万	千	百	十	元	角	分	千	百	十	万	千	百	十	元	角	分	
餐费	管理费用	餐费							9	6	0	0											√
餐费	其他货币资金	支付宝																	9	6	0	0	√
合计金额								¥	9	6	0	0						¥	9	6	0	0	

附件 2 张

会计主管：　　　记账：　　　出纳：　　　复核：　　　制单：

图 2.5.51　用支付宝请客（登账后）

记 账 凭 证

2017 年 12 月 12 日　　　　　　字第　　号

摘要	总账科目	明细科目	借方金额										贷方金额										记账签章
			千	百	十	万	千	百	十	元	角	分	千	百	十	万	千	百	十	元	角	分	
服装饰品花费	管理费用	服装						1	2	8	0	0											√
服装饰品花费	其他货币资金	支付宝																1	2	8	0	0	√
合计金额							¥	1	2	8	0	0					¥	1	2	8	0	0	

附件　张

会计主管：　　　记账：　　　出纳：　　　复核：　　　制单：

图 2.5.52　服装饰品花费（登账后）

记 账 凭 证

2017 年 12 月 31 日　　　　字第　号

摘要	总账科目	明细科目	借方金额										贷方金额										记账签章
			千	百	十	万	千	百	十	元	角	分	千	百	十	万	千	百	十	元	角	分	
食品餐饮花费	管理费用	餐费						5	0	0	0	0											√
食品餐饮花费	现金																	5	0	0	0	0	√
合计金额							¥	5	0	0	0	0					¥	5	0	0	0	0	

附件　张

会计主管：　　记账：　　出纳：　　复核：　　制单：

图 2.5.53　买菜（登账后）

一、T 型账户

（一）交通费、物业费登账

如图 2.5.54 所示。

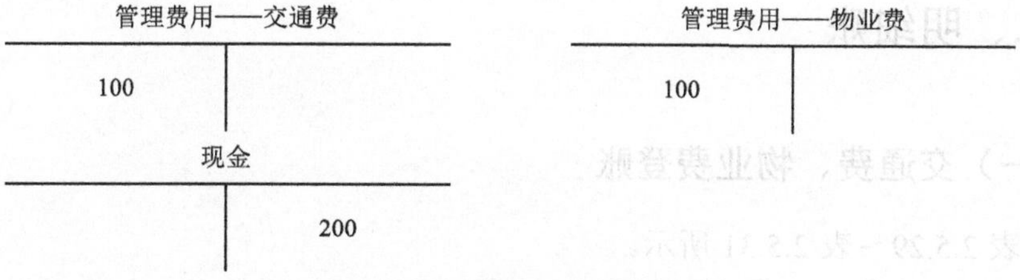

图 2.5.54　交通费、物业费登账

（二）通信费登账

如图 2.5.55 所示。

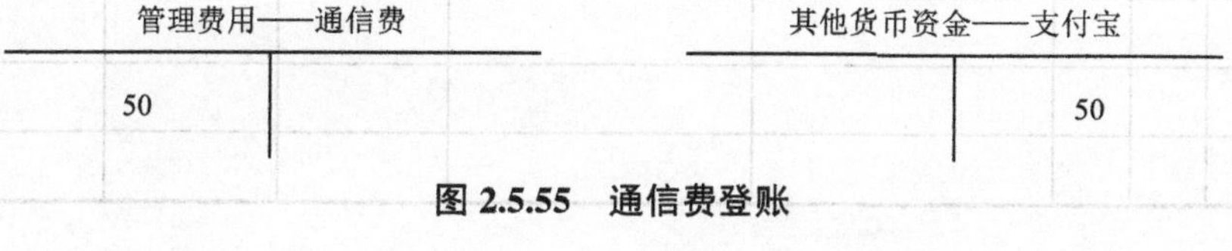

图 2.5.55　通信费登账

（三）服装费登账

如图 2.5.56 所示。

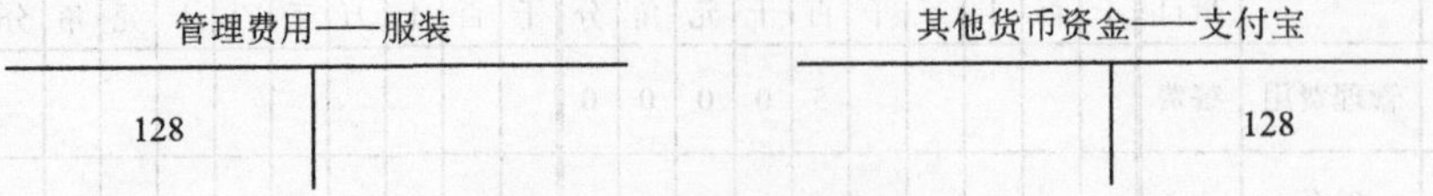

图 2.5.56　服装费登账

（四）餐费登账

如图 2.5.57 所示。

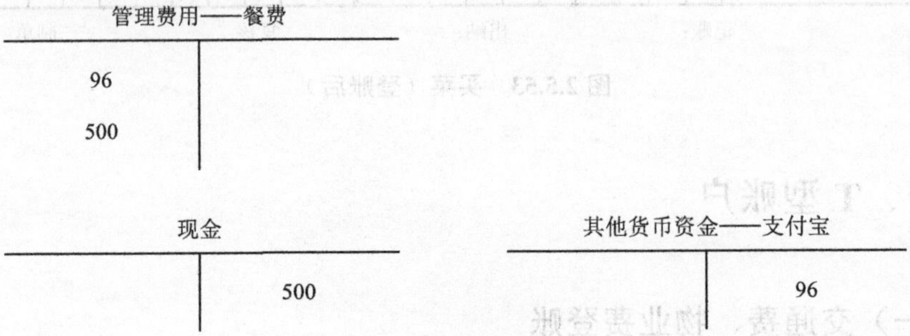

图 2.5.57　餐费登账

二、明细账

（一）交通费、物业费登账

如表 2.5.29～表 2.5.31 所示。

表 2.5.29　管理费用——物业费明细账　　单位：元

2017 年		凭证		摘要	会计科目	借方金额	贷方金额	余额	过账
月	日	字	号						
12	7	记		交物业费	现金	100			

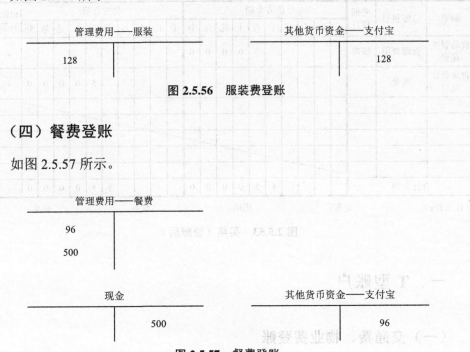

表 2.5.30 管理费用——交通费明细账 单位：元

2017年		凭证		摘要	会计科目	借方金额	贷方金额	余额	过账
月	日	字	号						
12	7	记		存公交卡	现金	100			

表 2.5.31 现金明细账 单位：元

2017年		凭证		摘要	会计科目	借方金额	贷方金额	余额	过账
月	日	字	号						
12	7	记		存公交卡、交物业费	管理费用——交通费		200		

（二）通信费登账

如表 2.5.32 和表 2.5.33 所示。

表 2.5.32 管理费用——通信费明细账 单位：元

2017年		凭证		摘要	会计科目	借方金额	贷方金额	余额	过账
月	日	字	号						
12	9	记		交电话费	其他货币资金（支付宝）	50			

表 2.5.33 其他货币资金——支付宝明细账 单位：元

2017年		凭证		摘要	会计科目	借方金额	贷方金额	余额	过账
月	日	字	号						
12	9	记		交电话费	管理费用——通信费		50		

（三）服装费登账

如表 2.5.34 和表 2.5.35 所示。

表 2.5.34　管理费用——服装费明细账　　单位：元

2017 年		凭证		摘要	会计科目	借方金额	贷方金额	余额	过账
月	日	字	号						
12	12	记		买服装	其他货币资金（支付宝）	128			

表 2.5.35　其他货币资金——支付宝明细账　　单位：元

2017 年		凭证		摘要	会计科目	借方金额	贷方金额	余额	过账
月	日	字	号						
12	12	记		买服装	管理费用（服装费）		128		

（四）餐费登账

如表 2.5.36～表 2.5.38 所示。

表 2.5.36　管理费用——餐费明细账　　单位：元

2017 年		凭证		摘要	会计科目	借方金额	贷方金额	余额	过账
月	日	字	号						
12	11	记		餐费	其他货币资金（支付宝）	96			
12	31	记		餐饮食品	现金	500			

表 2.5.37　其他货币资金——支付宝明细账　　单位：元

2017 年		凭证		摘要	会计科目	借方金额	贷方金额	余额	过账
月	日	字	号						
12	11	记		餐费	管理费用——餐费		96		

表 2.5.38 现金明细账

单位：元

2017年		凭证		摘要	会计科目	借方金额	贷方金额	余额	过账
月	日	字	号						
12	31	记		餐饮食品	管理费用——餐费		500		

案例总结

日常支出是生活中非常重要、非常繁杂的经济活动，金额较小，但工作量大。日常支出会减少资产，增加费用，减少当期的净利润。日常支出的核算准确与否，会影响到当期损益的计算和准确。

拓展知识——原始凭证

日常开支琐碎、项目多、金额小，如果不及时记录，很容易遗漏，所以建议妥善保管支出记录，比如发票、收据以及支付记录等，这些发票、收据等记录就是会计上的原始凭证。原始凭证又称单据，是在经济业务发生或完成时取得或填制的，用以记录或证明经济业务的发生或完成情况的文字凭据。它不仅能用来记录经济业务的发生或完成情况，还可以明确经济责任，是进行会计核算工作的原始资料和重要依据，是会计资料中最具有法律效力的一种文件。

一、原始凭证的分类

日常生活中，常见的原始凭证分类主要如下：

（一）按照来源不同分类

1. 外来原始凭证

外来原始凭证是指从会计主体以外的单位或个人取得的凭证。如飞机和火车的票据、银行收付款通知单、购买商品或交费取得的发票等。

2. 自制原始凭证

自制原始凭证是指在经济活动发生时，未能取得相应原始凭证，主体自制的经济活动说明等，比如人情红包，不能从外部取得相应票据，这时会计主体可以自制原始凭证，加以说明事项本身。

（二）按照表现形式不同分类

1. 纸质原始凭证

纸质原始凭证是指具备实物形态的原始凭证，通常外来原始凭证都是纸质原始凭证，比如购物发票、收款收据、存取款凭条等。纸质原始凭证较为普遍。

2. 电子版原始凭证

电子版原始凭证是指没有实物形态，以电子、截图或交易记录等形式存在的原始凭证，比如滴滴打车的电子车票、支付宝付款记录等。生活中，由于电子支付越来越普及，电子版原始凭证的数量也越来越多。

二、原始凭证的内容

通常一张完整的原始凭证包括以下内容：原始凭证名称、填制凭证的日期和编号、填制凭证的单位名称或者填制人姓名、经济业务涉及的单价和金额、经济业务的内容摘要、经办业务部门或人员的签章等。

为真实、完整、准确地反映经济活动，原始凭证不得涂改、挖补，若发现取得的原始凭证有错误，应当退回原开具单位重新开具。

第八节 父母捐赠

案例引入

小王是个闲不住的人，虽然有稳定的工资，还可以通过翻译有额外的收入，但她觉得年轻人应该多拼搏、多闯荡。所以，她想利用工作之余开个实体店雇人经营，历练自己。店铺经营需要启动资金，小王把上班以后的所有积蓄都加起来还差 50 000 元，正犯愁时，2017 年 12 月 8 日，小王的父母告诉她："爸爸妈妈决定给你 50 000 元！"并且告诉她这 50 000 是爸爸妈妈无偿支持的，算是捐赠。

对于来自父母的 50 000 元捐赠，小王应该怎样进行账务处理呢？

案例分析

小王收到了父母捐赠的 50 000 元，资产增加了 50 000 元（如果收到的是现金，那么“现金”增加；如果是银行转账，那么“银行存款”增加。“现金”和“银行存款”都是资产）；同时，增加的资产 50 000 元既不是借来的，也不是投资者投入的，而是小王父母无偿赠予的。《企业会计准则》规定，接受现金资产捐赠时，由于该捐赠项目的价值在捐赠日就已经实现，因此企业应将其计入营业外收入。

小王参照企业的处理，将 50 000 元捐赠计入额外收入。额外收入核算会计主体发生的，除主要收入、其他收入以外的收入，包括接受捐赠、盘盈、偶然所得等。“额外收入”是损益类账户，贷方登记额收入的增加；贷方登记期末转入“本年利润”账户的金额；结转后该账户期末无余额。如图 2.5.58 所示。

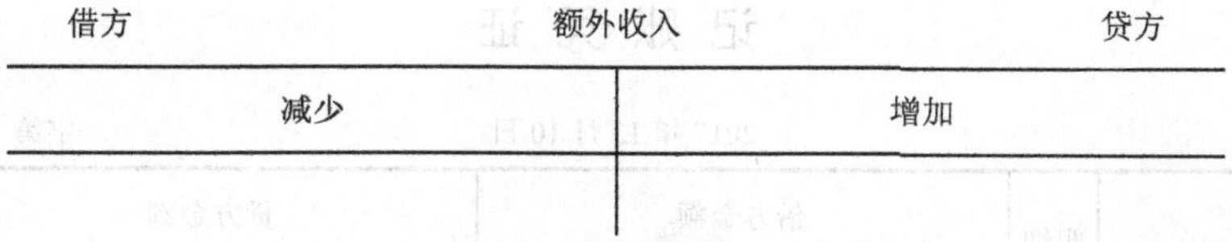

图 2.5.58 额外收入

如果小王的父母除了现金之外还捐赠给小王一台配置较高的计算机，价值 22 500 元。计算机是固定资产，也属于资产，资产增加了 22 500 元，捐赠利得也增加了 22 500 元。该笔业务的账务处理，借方记“固定资产”，贷方记“额外收入”。

固定资产，是指为生产商品、提供劳务、出租或经营管理而持有的、使用寿命超过一个会计年度的有形资产。要核算固定资产需设置“固定资产”账户，该账户是资产类账户，借方登记固定资产原值的增加，贷方登记固定资产原值的减少。期末余额在借方，反映固定资产的原值。该账户可按固定资产类别或具体项目设置明细科目。

个人或家庭对固定资产的定义，可以根据固定资产的单位价值和使用年限自行确定，一般要求固定资产使用年限应该超过 1 年。如图 2.5.59 所示。

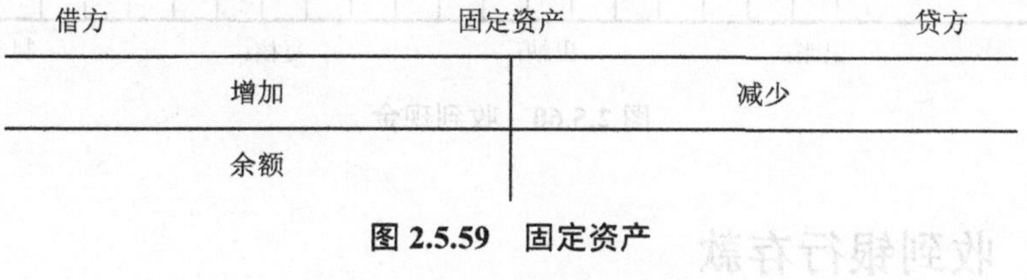

图 2.5.59 固定资产

案例处理

一、收到现金

通过上述分析，我们假设小王收到的是 50 000 元的现金，资产增加 50 000 元，营业外收入增加 50 000 元。因此，小王应当编制的会计分录为：

借：现金　　50 000

　贷：额外收入　　50 000

根据会计分录，小王可以填制如图 2.5.60 所示的记账凭证：

记 账 凭 证

2017 年 12 月 10 日　　　　字第　　号

摘要	总账科目	明细科目	借方金额										贷方金额										记账签章
			千	百	十	万	千	百	十	元	角	分	千	百	十	万	千	百	十	元	角	分	
收到父母捐赠	现金					5	0	0	0	0	0	0											
收到父母捐赠	额外收入															5	0	0	0	0	0	0	
合计金额					¥	5	0	0	0	0	0	0			¥	5	0	0	0	0	0	0	

附件　张

会计主管：　　记账：　　出纳：　　复核：　　制单：

图 2.5.60　收到现金

二、收到银行存款

假如，小王收到的 50 000 元捐赠款项是父母通过银行转账的，则小王应当编制的会计分录为：

借：银行存款——中国银行　　50 000

　　贷：额外收入　　50 000

根据会计分录，小王编制的记账凭证如图 2.5.61 所示：

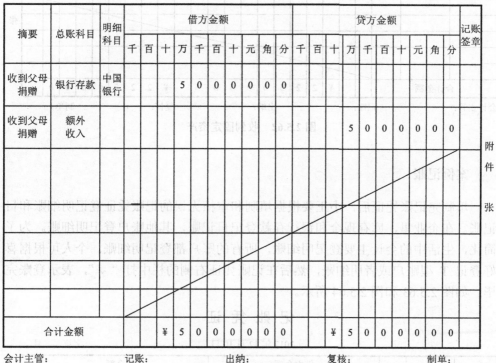

记 账 凭 证

2017 年 12 月 10 日　　　　字第　　号

摘要	总账科目	明细科目	借方金额 千	借方 百	借方 十	借方 万	借方 千	借方 百	借方 十	借方 元	借方 角	借方 分	贷方金额 千	贷方 百	贷方 十	贷方 万	贷方 千	贷方 百	贷方 十	贷方 元	贷方 角	贷方 分	记账签章
收到父母捐赠	银行存款	中国银行				5	0	0	0	0	0	0											
收到父母捐赠	额外收入															5	0	0	0	0	0	0	
合计金额					¥	5	0	0	0	0	0	0			¥	5	0	0	0	0	0	0	

附件　张

会计主管：　　记账：　　出纳：　　复核：　　制单：

图 2.5.61　收到银行存款

三、收到固定资产

假设，小王收到的父母捐赠不是货币资金，而是一台价值 22 500 元的计算机。那么，小王应当编制的会计分录为：

借：固定资产——计算机　　22 500

　　贷：额外收入　　22 500

根据会计分录，小王编制的记账凭证如图 2.5.62 所示：

记 账 凭 证

2017 年 12 月 10 日　　　　　　　　字第　　号

摘要	总账科目	明细科目	借方金额										贷方金额										记账签章	
			千	百	十	万	千	百	十	元	角	分	千	百	十	万	千	百	十	元	角	分		
收到父母捐赠	固定资产	计算机				2	2	5	0	0	0	0												
收到父母捐赠	额外收入															2	2	5	0	0	0	0		附件
																								张
合计金额					¥	2	2	5	0	0	0	0			¥	2	2	5	0	0	0	0		

会计主管：　　　　记账：　　　　出纳：　　　　复核：　　　　制单：

图 2.5.62　收到固定资产

案例记账

填制完记账凭证后，小王要根据填制和审核无误的记账凭证登记明细账和日记账。在企业里，库存现金和银行存款登记日记账，其他账户登记明细账。为了简化，生活中的会计主要登记明细账，所有的账户都登记明细账。个人可根据喜好登记 T 型账户或者明细账，然后在记账凭证右侧的栏中打“√”，表示登账完毕。如图 2.5.63 和图 2.5.64 所示。

记 账 凭 证

2017 年 12 月 10 日　　　　　　　　字第　　号

摘要	总账科目	明细科目	借方金额										贷方金额										记账签章	
			千	百	十	万	千	百	十	元	角	分	千	百	十	万	千	百	十	元	角	分		
收到父母捐赠	现金					5	0	0	0	0	0	0											√	
收到父母捐赠	额外收入															5	0	0	0	0	0	0	√	附件
																								张
合计金额					¥	5	0	0	0	0	0	0			¥	5	0	0	0	0	0	0		

会计主管：　　　　记账：　　　　出纳：　　　　复核：　　　　制单：

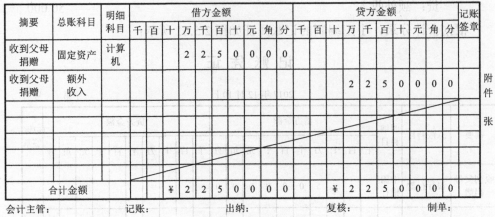

图 2.5.63　收到现金（登账后）

记 账 凭 证

2017 年 12 月 10 日　　　　　　字第　　号

摘要	总账科目	明细科目	借方金额										贷方金额										记账签章
			千	百	十	万	千	百	十	元	角	分	千	百	十	万	千	百	十	元	角	分	
收到父母捐赠	固定资产	计算机				2	2	5	0	0	0	0											√
收到父母捐赠	额外收入															2	2	5	0	0	0	0	√
合计金额					¥	2	2	5	0	0	0	0			¥	2	2	5	0	0	0	0	

附件　张

会计主管：　　　　记账：　　　　出纳：　　　　复核：　　　　制单：

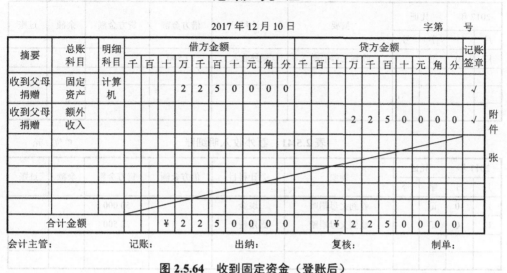

图 2.5.64　收到固定资金（登账后）

一、T 型账户

如图 2.5.65 所示。

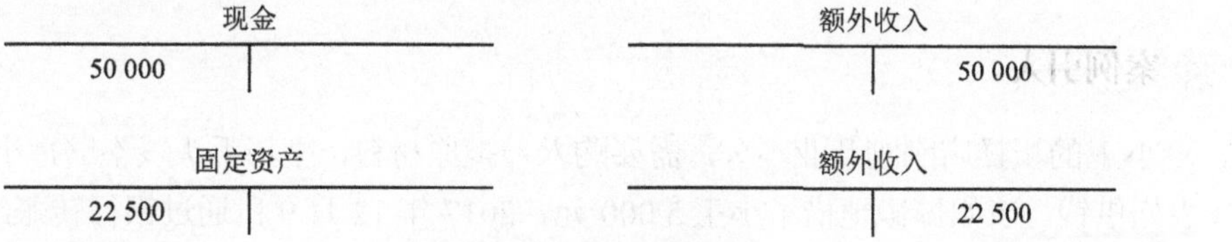

图 2.5.65　父母捐赠

二、明细账

如表 2.5.39～表 2.5.41 所示。

表 2.5.39　现金明细账　　单位：元

2017 年		凭证		摘要	会计科目	借方金额	贷方金额	余额	过账
月	日	字	号						
12	10	记		收到父母捐赠	额外收入	50 000			

表 2.5.40 固定资产明细账 单位：元

2017 年		凭证		摘要	会计科目	借方金额	贷方金额	余额	过账
月	日	字	号						
12	10	记		收到父母捐赠	额外收入	22 500			

表 2.5.41 额外收入明细账 单位：元

2017 年		凭证		摘要	会计科目	借方金额	贷方金额	余额	过账
月	日	字	号						
12	10	记		收到父母捐赠	现金		50 000		
12	10	记		收到父母捐赠	固定资产		22 500		

第九节 亲 戚 借 款

案例引入

小王的蛋糕店刚刚开业不久，需要购入一批原材料，刚巧手头钱不够，小王只能找表姐借钱。表姐慷慨地借了小王 5 000 元，2017 年 12 月 9 日通过银行转账给小王。

对于这 5 000 元的借款，小王应该怎样进行账务处理呢？

案例分析

小王收到了表姐转来的 5 000 元，银行存款增加了 5 000 元，同时，小王的负债也增加了。

首先，银行存款属于流动资产，小王收到表姐的 5 000 元，资产增加 5 000 元。

其次，5 000 元是小王借表姐的，会计核算时不能通过“短期借款”，因为“短期借款”核算会计主体为维持正常的经营向银行或其他金融机构等外单位借入的、还款期限在一年以下（含一年）的借款，也就是说，计入“短期借款”的款项应该是向银行等金融机构借入。而本案例中的 5 000 元是小王向表姐借的，因此，不能通过“短期借款”进行核算，可以通过“其他应付款”核算。

“其他应付款”账户是负债类账户，贷方反映各项其他应付款的产生；借方反映各项其他应付款的支付；期末余额一般在贷方，表示尚未支付的其他应付款。

“其他应付款”还可以按照具体项目设置明细科目。如图 2.5.66 所示。

借方	其他应付款 贷方
减少	增加
	余额

图 2.5.66 其他应付款

案例处理

通过上述分析，小王收到表姐转账 5 000 元，资产即银行存款增加 5 000 元，负债即其他应付款增加 5 000 元。因此，小王应当编制的会计分录为：

借：银行存款——中国银行　　5 000

　　贷：其他应付款——表姐　　5 000

根据会计分录，小王可以填制如图 2.5.67 所示的记账凭证：

记 账 凭 证

2017 年 12 月 9 日　　字第　号

摘要	总账科目	明细科目	借方金额										贷方金额										记账签章
			千	百	十	万	千	百	十	元	角	分	千	百	十	万	千	百	十	元	角	分	
收到表姐借款	银行存款	中国银行					5	0	0	0	0	0											
收到表姐借款	其他应付款	表姐															5	5	0	0	0	0	
合计金额						¥	5	0	0	0	0	0				¥	5	0	0	0	0	0	

附件　张

会计主管：　　记账：　　出纳：　　复核：　　制单：

图 2.5.67 亲戚借款（记账凭证）

案例记账

填制完记账凭证后，小王根据审核无误的记账凭证登记明细账和日记账。前面内容提到过，在企业里，库存现金和银行存款登记日记账，其他账户登记明细账。为了简化，生活中的会计主要登记明细账，所有的账户都登记明细账。个人可根据喜好登记 T 型账户或者明细账，然后在记账凭证右侧的栏中打“√”，表示登账完毕。如图 2.5.68 所示。

记 账 凭 证

2017 年 12 月 9 日　　　　字第　　号

摘要	总账科目	明细科目	借方金额										贷方金额										记账签章
			千	百	十	万	千	百	十	元	角	分	千	百	十	万	千	百	十	元	角	分	
收到表姐借款	银行存款	中国银行					5	0	0	0	0	0											√
收到表姐借款	其他应付款	表姐															5	5	0	0	0	0	√
合计金额						¥	5	0	0	0	0	0				¥	5	0	0	0	0	0	

附件　张

会计主管：　　记账：　　出纳：　　复核：　　制单：

图 2.5.68　亲戚借款（登账后）

一、T 型账户

如图 2.5.69 所示。

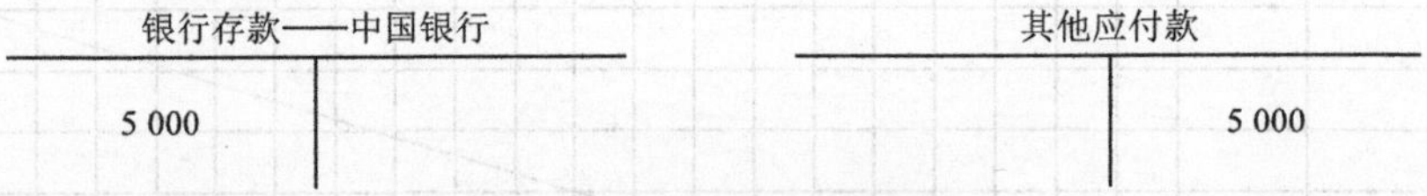

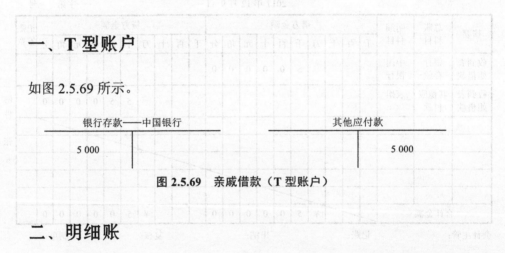

图 2.5.69　亲戚借款（T 型账户）

二、明细账

如表 2.5.42 和表 2.5.43 所示。

表 2.5.42　银行存款——中国银行明细账　　单位：元

2017 年		凭证		摘要	会计科目	借方金额	贷方金额	余额	过账
月	日	字	号						
12	9	记		收到表姐借款	其他应付款	5 000			

表 2.5.43 其他应付款——表姐明细账 单位：元

2017 年		凭证		摘要	会计科目	借方金额	贷方金额	余额	过账
月	日	字	号						
12	9	记		收到表姐借款	银行存款（中国银行）		5 000		

拓展知识——其他应付款

前面的内容介绍了其他应付款核算的内容包括：应付经营租入固定资产和包装物的租金；职工未按时领取的工资；存入保证金（如收取的包装物的押金等）；应付、暂收所属单位、个人的款项；其他应付、暂收的款项。

【补充案例 1】2017 年 12 月 12 日，小王向明达公司租入办公用房，每月需支付租金 2 500 元。则应该编制的会计分录为：

（1）发生应付未付的租金时：

借：管理费用 2 500

　贷：其他应付款 2 500

（2）实际支付房租时：

借：其他应付款 2 500

　贷：银行存款——中国银行 2 500

【补充案例 2】2017 年 12 月 15 日，小王出租给贝贝烘焙店一批模具，收取押金 300 元。10 天后，贝贝烘焙店归还模具，小王退回押金 300 元。

（1）取得模具押金时：

借：现金 300

　贷：其他应付款——贝贝烘焙店 300

（2）实际支付时：

借：其他应付款——贝贝烘焙店 300

　贷：现金 300

第十节 差旅费报销的账务处理

案例引入

张强是刚毕业的大学生，在青岛公司任业务员，主要负责山东地区产品的售后及维护等工作。

2018 年 1 月 2 日一早，张强接到经理电话，烟台市区的客户设备出现故障，需要马上维修。张强来不及去单位借差旅费，直接乘火车去烟台，两天后设备恢复正常，张强 1 月 4 日下午回到青岛。

这次临时去烟台出差，总共花了 600 元，张强没有借差旅费，所有的费用都是自己垫付的。那这次的差旅费该怎么报销呢？

案例分析

张强去帮烟台客户维修设备，属于办理公务，在此期间产生的交通费、住宿费和餐费等都属于差旅费，应当由单位负担，张强垫付的 600 元最终要由单位承担。

一、垫付差旅费

1 月 2—4 日，张强总共垫付 600 元差旅费，其中有 260 元往返的火车票，住宿费两晚 200 元，140 元的餐费。其中，通过支付宝绑定的借记卡支付 140 元餐费，其他的都是刷信用卡支付。

在这些支出中，张强的信用卡和支付宝分别发生 460 元和 140 元支出，有短期借款增加和中国银行存款减少。

另外，这些支出是因为办理公务产生的，不是张强个人的支出，不能计入张强的个人费用，而是要由单位承担，所以张强是垫付 600 元，差旅费报销后要收到 600 元垫款，应收款增加。

二、报销差旅费

1 月 5 日，张强上班后，就把整理好的差旅费报销单找经理审核后送到财务处。1 月 6 日，财务处出纳小王告诉张强，报销的 600 元差旅费已经打到他的中国银行工资卡上了。

此时，张强的银行卡余额增加了 600 元，这 600 元不是发的工资或奖金，而是去烟台出差垫付的差旅费，报销后，费用由单位负担，单位清偿了欠张强的差旅费。如图 2.5.70 所示。

借方　　短期借款——信用卡　　贷方

借方	贷方
减少	增加
	余额

借方　　银行存款——中国银行　　贷方

借方	贷方
增加	减少
余额	

借方	其他应收款——报销	贷方
增加		减少
余额		

图 2.5.70 报销差旅费

案例处理

一、垫付差旅费

通过前面的分析，我们发现张强的信用卡刷了 460 元，短期借款增加 460 元；支付宝绑定银行卡减少 140 元；同时张强将来会从单位拿回垫付的差旅费，其他应收款会增加 600 元。

张强在自己的个人账簿上应当编制如下的分录：

借：其他应收款——报销　　600

　　贷：短期借款——信用卡　　460

　　　　银行存款——中国银行　　140

根据编制的分录，张强可以填制如图 2.5.71 所示的记账凭证：

记 账 凭 证

2018 年 1 月 4 日　　　　字第　　号

摘要	总账科目	明细科目	借方金额										贷方金额										记账签章
			千	百	十	万	千	百	十	元	角	分	千	百	十	万	千	百	十	元	角	分	
垫付差旅费	其他应收款	报销						6	0	0	0	0											
垫付差旅费	短期借款	信用卡																4	6	0	0	0	
垫付差旅费	银行存款	中国银行																1	4	0	0	0	
合计金额							¥	6	0	0	0	0					¥	6	0	0	0	0	

附件　张

会计主管：　　记账：　　出纳：　　复核：　　制单：

图 2.5.71 垫付差旅费的记账凭证

二、报销差旅费

1 月 6 日，张强的中国银行卡收到了报销差旅费 600 元，存款余额增加 600 元，同时张强的应收单位报销款减少 600 元。根据分析，编制的会计分录如下：

借：银行存款——中国银行　　　　600

　　待：其他应收款——报销　　　　600

根据分录填制的凭证如图 2.5.72 所示：

记 账 凭 证

2018 年 1 月 6 日　　　　字第　　号

摘要	总账科目	明细科目	借方金额										贷方金额										记账签章
			千	百	十	万	千	百	十	元	角	分	千	百	十	万	千	百	十	元	角	分	
报销差旅费	银行存款	中国银行						6	0	0	0	0											
报销差旅费	其他应收款	报销																6	0	0	0	0	
合计金额							¥	6	0	0	0	0					¥	6	0	0	0	0	

附件　　张

会计主管：　　记账：　　出纳：　　复核：　　制单：

图 2.5.72　报销差旅费的记账凭证

案例记账

填制完记账凭证，小王要根据填制无误的记账凭证登账。为了简化，生活中的会计主要登记明细账，所有的账户都登记明细账。登账后在记账凭证右侧的栏中打“√”，表示登账完毕，如图 2.5.73 和图 2.5.74 所示。

记 账 凭 证

2018 年 1 月 4 日 字第 号

摘要	总账科目	明细科目	借方金额										贷方金额										记账签章
			千	百	十	万	千	百	十	元	角	分	千	百	十	万	千	百	十	元	角	分	
垫付差旅费	其他应收款	报销						6	0	0	0	0											√
垫付差旅费	短期借款	信用卡																4	6	0	0	0	√
垫付差旅费	银行存款	中国银行																1	4	0	0	0	√
合计金额							¥	6	0	0	0	0					¥	6	0	0	0	0	

附 件 张

会计主管： 记账： 出纳： 复核： 制单：

图 2.5.73 垫付差旅费的记账凭证（登账后）

记 账 凭 证

2018 年 1 月 6 日 字第 号

摘要	总账科目	明细科目	借方金额										贷方金额										记账签章
			千	百	十	万	千	百	十	元	角	分	千	百	十	万	千	百	十	元	角	分	
报销差旅费	银行存款	中国银行						6	0	0	0	0											√
报销差旅费	其他应收款	报销																6	0	0	0	0	√
合计金额							¥	6	0	0	0	0					¥	6	0	0	0	0	

附 件 张

会计主管： 记账： 出纳： 复核： 制单：

图 2.5.74 报销差旅费的记账凭证（登账后）

个人可根据喜好登记 T 型账户或者明细账，登账情形如下所示：

一、代垫差旅费

（一）T 型账户

如图 2.5.75 所示。

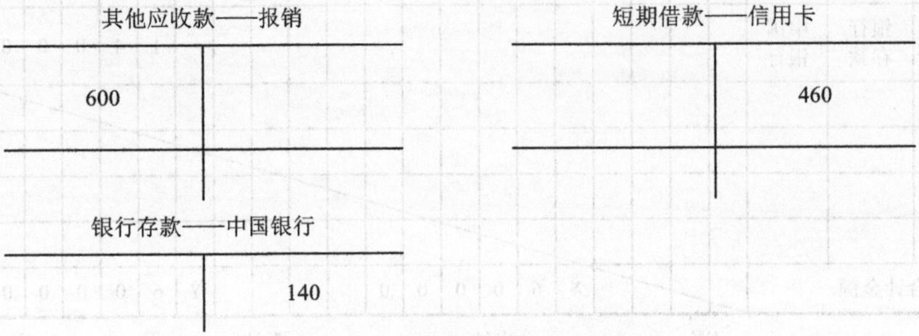

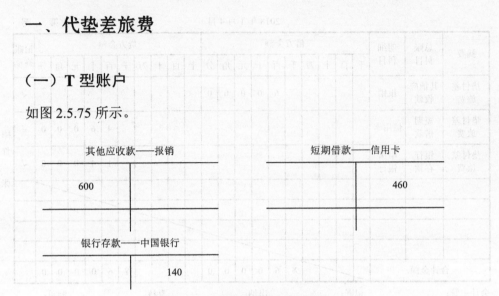

图 2.5.75 代垫差旅费 T 型账户

（二）明细账

如表 2.5.44～表 2.5.46 所示。

表 2.5.44 其他应收款——报销明细账 单位：元

2018 年		凭证		摘要	会计科目	借方金额	贷方金额	余额	过账
月	日	字	号						
1	4	记		垫付差旅费	银行存款	600			

表 2.5.45 短期借款——信用卡明细账 单位：元

2018 年		凭证		摘要	会计科目	借方金额	贷方金额	余额	过账
月	日	字	号						
1	4	记		垫付差旅费	其他应收款（报销）		460		

表 2.5.46 银行存款——中国银行明细账 单位：元

2018 年		凭证		摘要	会计科目	借方金额	贷方金额	余额	过账
月	日	字	号						
1	4	记		垫付差旅费	其他应收款（报销）		140		

二、收回代垫差旅费

（一）T 型账户

如图 2.5.76 所示。

银行存款——中国银行	
600	

其他应收款——报销	
	600

图 2.5.76 收回代垫差旅费 T 型账户

（二）明细账

如表 2.5.47 和表 2.5.48 所示。

表 2.5.47 银行存款——中国银行明细账 单位：元

2018 年		凭证		摘要	会计科目	借方金额	贷方金额	余额	过账
月	日	字	号						
1	4	记		垫付差旅费	其他应收款（报销）		140		
1	6	记		报销差旅费	其他应收款（报销）	600			

表 2.5.48 其他应收款——报销明细账 单位：元

2018 年		凭证		摘要	会计科目	借方金额	贷方金额	余额	过账
月	日	字	号						
1	4	记		垫付差旅费	银行存款（中国银行）	600			
1	6	记		报销差旅费	银行存款（中国银行）		600		

第十一节 余额宝理财

案例引入

周末，小王和同学小聚，聊起来怎样才能赚更多的钱，同学建议小王将银行卡的部分余额转到余额宝，可以赚取一笔收益。同学还说不能忽视打理资金，你不理财，财不理你。同学向小王展示自己的部分资金分布，原来他除了工资以外，每月还有几笔小额资金入账。

2017 年 12 月 11 日（周一）早晨一上班，小王就将中国银行卡的 10 000 元转到了余额宝，静待收益入账。周三小王发现余额宝界面的余额变成了 10 001.08 元，显示昨日收益 1.08 元，万份收益 1.085 7 元，七日年化 3.946 0%。周四小王发现余额宝余额又增加了，变成 10 002.17 元，显示昨日收益 1.09 元，万份收益 1.092 6 元，七日年化 3.964 0%。

小王非常兴奋，自己的余额宝余额每天都在增加，而且能看到每天有多少收益，太有成就感了。不过，小王也想，增加的金额是从哪里来的呢？余额怎么就能增加呢？如果记账的话，多出来的钱记到哪里呢？

案例分析

这个案例实际上包括两种情形：一是小王将中国银行卡的余额转到支付宝的余额宝里；二是余额宝每天有收益，余额也在每天增加。

一、转账到余额宝

首先，转账到余额宝后，小王的中国银行卡余额减少 10 000 元，通过手机银行、网上银行或者 ATM 机可以查询到银行存款支出的交易。

其次，减少的 10 000 元银行存款不是消费支出了，也不是买了固定资产，而是转到了支付宝的余额宝，打开余额宝界面，可以查询余额宝交易的明细，某天转入多少金额，某天收益多少。

银行存款是存放于银行或其他金融机构的货币资金，按照国家现金管理和结算制度的要求，每家企业都在银行开立账户，用来办理存款、取款和转账结算。企业给职工发放工资时，通常也会给职工在开户行开立账户。此外，个人出于贷款、理财等需要，也会自行再开立其他银行账户。

余额宝不是小王在某银行开立的账户，而是在支付宝平台的账户，不是银行存款。余额宝属于货币基金，且能够随时提取，跟普通的货币基金 T+1 赎回期不同；余额宝收益虽然持续走低，但跟股票投资、基金投资收益波动幅度大也不相同。

所以，余额宝属于小王的资产，用“短期投资”账户核算，该账户核算用于投资的各种资产，包括余额宝、财付通等货币基金、基金、股票、债券等，可以设明细科目核算具体投资项目。借方登记短期投资的增加，即购入余额宝、基金、股票、债券等；贷方登记短期投资的减少，即卖出余额宝、基金、股票、债券等；余额通常在借方，表示持有的以赚取差价的投资。如图 2.5.77 所示。

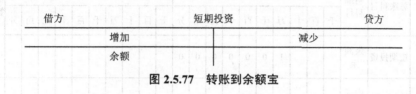

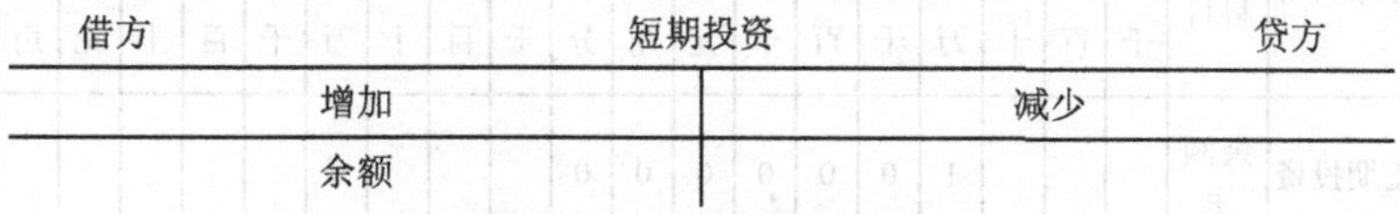

图 2.5.77 转账到余额宝

二、收到余额宝收益

余额宝的收益每天到账，使得支付宝的余额每天都有变化。当收益到账时，余额宝的余额与前一天比，有所增加，即资产增加。

同时，增加的余额宝余额来源于投资余额宝赚的钱，是实现的投资收益。投资项目赚钱了，收益多了，资产余额也会增加。

“投资收益”属于损益类账户，核算投资于基金、股票、债券以及其他投资项目取得的收入（如果发生亏损则为负数）。当投资项目较多时，可以设明细科目分别核算各投资项目。“投资收益”账户借方核算发生的投资损失，贷方核算实现的投资收益，平日的贷方余额表示投资赚钱，借方余额则表示投资亏损。年末该账户余额转入“本年利润”后，无余额。如图 2.5.78 所示。

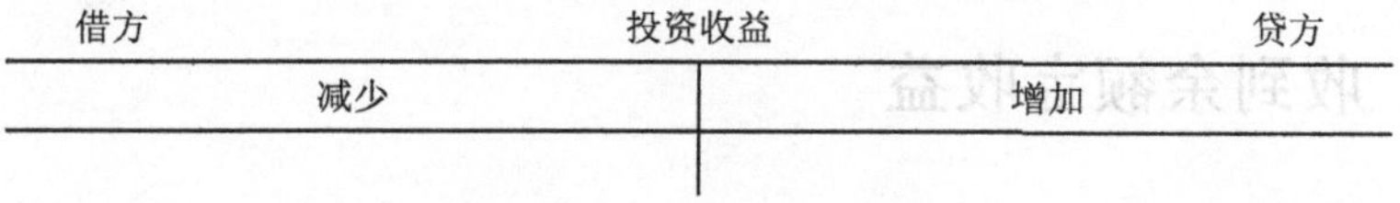

图 2.5.78 收到余额宝收益

案例处理

一、转账到余额宝

小王将中国银行卡的 10 000 元余额转账到余额宝，银行存款减少 10 000 元，短期投资增加 10 000 元。小王可以编制如下会计分录：

借：短期投资——余额宝　　10 000

　　贷：银行存款——中国银行　　10 000

根据编制的会计分录，小王可以填制如图 2.5.79 所示的记账凭证：

记 账 凭 证

2017 年 12 月 11 日　　　　字第　号

摘要	总账科目	明细科目	借方金额										贷方金额										记账签章
			千	百	十	万	千	百	十	元	角	分	千	百	十	万	千	百	十	元	角	分	
转账到余额宝	短期投资	余额宝				1	0	0	0	0	0	0											
转账到余额宝	银行存款	中国银行														1	0	0	0	0	0	0	
合计金额					¥	1	0	0	0	0	0	0			¥	1	0	0	0	0	0	0	

附件　张

会计主管：　　记账：　　出纳：　　复核：　　制单：

图 2.5.79　转账到余额宝的记账凭证

二、收到余额宝收益

2017 年 12 月 13 日，小王的余额宝余额增加 1.08 元，即短期投资增加 1.08 元；同时实现 1.08 元收益，投资收益贷方增加 1.08 元。小王可以编制如下会计分录：

借：短期投资——余额宝　　1.08

　　贷：投资收益——余额宝　　1.08

备注：因为余额宝的收益每天到账，上述收到收益分录如果每天都编制一次，比较烦琐，且金额不大，小王可以月为单位汇总编制一次分录。

根据编制的会计分录，小王可以填制如图 2.5.80 所示的记账凭证：

记 账 凭 证

2017 年 12 月 13 日　　　　字第　　号

摘要	总账科目	明细科目	借方金额										贷方金额										记账签章
			千	百	十	万	千	百	十	元	角	分	千	百	十	万	千	百	十	元	角	分	
收到余额宝收益	短期投资	余额宝								1	0	8											
收到余额宝收益	投资收益	余额宝																		1	0	8	
合计金额									¥	1	0	8							¥	1	0	8	

附件　张

会计主管：　　记账：　　出纳：　　复核：　　制单：

图 2.5.80 收到余额宝收益的记账凭证

假如月末，小王汇总本月 13 日至 31 日的余额宝收益总额 20 元，做一笔确认收益的分录如下：

借：短期投资——余额宝　　20

　贷：投资收益——余额宝　　20

编制的汇总收益记账凭证如图 2.5.81 所示：

记 账 凭 证

2017 年 12 月 31 日　　　　字第　　号

摘要	总账科目	明细科目	借方金额										贷方金额										记账签章
			千	百	十	万	千	百	十	元	角	分	千	百	十	万	千	百	十	元	角	分	
汇总余额宝收益	短期投资	余额宝							2	0	0	0											
汇总余额宝收益	投资收益	余额宝																	2	0	0	0	
合计金额								¥	2	0	0	0						¥	2	0	0	0	

附件　张

会计主管：　　记账：　　出纳：　　复核：　　制单：

图 2.5.81 汇总收益记账凭证

案例记账

填制完记账凭证，小王要根据填制无误的记账凭证登记明细账和日记账。个人可根据喜好登记 T 型账户或者明细账，然后在记账凭证右侧的栏中打“√”，表示登账完毕。如图 2.5.82～图 2.5.84 所示。

记 账 凭 证

2017 年 12 月 11 日　　　　字第　　号

摘要	总账科目	明细科目	借方金额										贷方金额										记账签章
			千	百	十	万	千	百	十	元	角	分	千	百	十	万	千	百	十	元	角	分	
转账到余额宝	短期投资	余额宝				1	0	0	0	0	0	0											√
转账到余额宝	银行存款	中国银行														1	0	0	0	0	0	0	√
合计金额					¥	1	0	0	0	0	0	0			¥	1	0	0	0	0	0	0	

附件　张

会计主管：　　记账：　　出纳：　　复核：　　制单：

图 2.5.82　转账到余额宝登账后

记 账 凭 证

2017 年 12 月 13 日　　　　字第　　号

摘要	总账科目	明细科目	借方金额										贷方金额										记账签章
			千	百	十	万	千	百	十	元	角	分	千	百	十	万	千	百	十	元	角	分	
收到余额宝收益	短期投资	余额宝								1	0	8											√
收到余额宝收益	投资收益	余额宝																		1	0	8	√
合计金额									¥	1	0	8							¥	1	0	8	

附件　张

会计主管：　　记账：　　出纳：　　复核：　　制单：

图 2.5.83　收到余额宝收益登账后

记 账 凭 证

2017 年 12 月 31 日 字第 号

摘要	总账科目	明细科目	借方金额										贷方金额										记账签章
			千	百	十	万	千	百	十	元	角	分	千	百	十	万	千	百	十	元	角	分	
汇总余额宝收益	短期投资	余额宝							2	0	0	0											√
汇总余额宝收益	投资收益	余额宝																	2	0	0	0	√
合计金额								¥	2	0	0	0						¥	2	0	0	0	

附件 张

会计主管： 记账： 出纳： 复核： 制单：

图 2.5.84 汇总收益登账后

一、T 型账户

（一）转账到余额宝

如图 2.5.85 所示。

短期投资——余额宝	
10 000	

银行存款——中国银行	
	10 000

图 2.5.85 转账到余额宝 T 型账户

（二）取得余额宝收益（以汇总编制分录为例）

如图 2.5.86 所示。

短期投资——余额宝	
20	

投资收益——余额宝	
	20

图 2.5.86 汇总收益 T 型账户

二、明细账

（一）转账到余额宝

如表 2.5.49 和表 2.5.50 所示。

表 2.5.49 短期投资——余额宝明细账 单位：元

2017年		凭证		摘要	会计科目	借方金额	贷方金额	余额	过账
月	日	字	号						
12	11	记		转账到余额宝	银行存款（中国银行）	10 000			

表 2.5.50 银行存款——中国银行明细账 单位：元

2017年		凭证		摘要	会计科目	借方金额	贷方金额	余额	过账
月	日	字	号						
12	11	记		转账到余额宝	短期投资（余额宝）		10 000		

（二）取得余额宝收益（以汇总编制分录为例）

如表 2.5.51 和表 2.5.52 所示。

表 2.5.51 短期投资——余额宝明细账 单位：元

2017年		凭证		摘要	会计科目	借方金额	贷方金额	余额	过账
月	日	字	号						
12	31	记		汇总余额宝收益	投资收益（余额宝）	20			

表 2.5.52　投资收益明细账　单位：元

2017 年		凭证		摘要	会计科目	借方金额	贷方金额	余额	过账
月	日	字	号						
12	31	记		汇总余额宝收益	短期投资（余额宝）		20		

拓展知识

一、货币基金

货币基金是聚集社会闲散资金，由基金管理人运作，基金托管人保管资金的一种开放式基金，专门投向风险小的货币市场工具，区别于其他类型的开放式基金，具有高安全性、高流动性、稳定收益性，具有“准储蓄”的特征。

货币基金主要投资于短期货币工具(一般期限在 1 年以内，平均期限 120 天)，如国债、央行票据、商业票据、银行定期存单、政府短期债券、企业债券（信用等级较高)、同业存款等短期有价证券。

通常，上述范围都是一些安全系数高和收益稳定的品种，所以对于很多希望回避证券市场风险的企业和个人来说，货币基金是一个天然的避风港。通常，货币基金具有以下特征：

（一）本金安全

由大多数货币市场基金投资品种决定了其在各类基金中风险是最低的，货币基金合约一般都不会保证本金的安全，但事实上由于基金性质决定了货币基金在现实中极少发生本金的亏损。一般来说，货币基金被看作现金等价物。

（二）资金流动性强

流动性可与活期存款媲美。基金买卖方便，资金到账时间短，流动性很强，一般基金赎回一两天资金就可以到账。目前已有基金公司开通货币基金即时赎回业务，当日可到账。

（三）收益率较高

多数货币市场基金一般具有国债投资的收益水平。货币市场基金除了允许一般机构可以投资的交易所回购外，还可以进入银行间债券及回购市场、中央银行票据市场进行投资，其年净收益率一般可和一年定期存款利率相比，高于同期银行储蓄的收益水平。

（四）投资成本低

买卖货币市场基金一般都免收手续费，认购费、申购费、赎回费都为 0，资金进出非常方便，既降低了投资成本，又保证了流动性。首次认购/申购 1 000 元，再次购买以百元为单位递增。

（五）分红免税

多数货币市场基金面值永远保持 1 元，收益每日计算，每日都有利息收入，投资者享受的是复利，而银行存款只是单利。每月分红结转为基金份额，分红免收所得税。

另外，一般货币市场基金还可以与该基金管理公司旗下的其他开放式基金进行转换，高效灵活、成本低。股市好的时候可以转成股票型基金，债市好的时候可以转成债券型基金，当股市、债市都没有好机会的时候，货币基金则是资金良好的避风港，投资者可以及时把握股市、债市和货币市场的各种机会。

二、余额宝

余额宝是蚂蚁金服旗下的余额增值服务和活期资金管理服务产品，创立于 2013 年 6 月，把钱转入余额宝即购买了由天弘基金提供的天弘余额宝货币市场基金，可获得收益。目前，余额宝是中国规模最大的货币基金。

跟普通的货币基金比，余额宝有以下特点：

（一）操作流程简便

支付宝的主界面有余额宝选项，用户可以在支付宝 App 中直接将支付宝账户余额转入余额宝或将余额宝金额转出，简便易学，新手也可以轻松完成。

（二）投资门槛低

与有的货币基金最低 100 元、理财产品最低 50 000 元起投比，余额宝的门槛非常低，1 元起投，非常适合职场新人尝试。

不过余额宝的收益通常用万份收益和七日年化收益率表示，如果投资金额不到 100 元的话，收益金额不到 1 分钱，则不能显示收益金额。

（三）使用方便灵活

余额宝属于支付宝打造的余额理财服务，借助支付宝的支付平台，余额宝可直接用于购物、转账、交费、还款等消费支付，甚至医院付费也可使用。使用范围之广，是其他货币资金望尘莫及的。

（四）收益每天到账

余额宝采用复利计息，每天都能看到前一天的收益，并且所见即所得，收益也可马上使用。

微信理财通、京东小金库、苏宁零钱包等都跟余额宝有相似之处。

三、银行系“宝”类产品

互联网金融对商业银行的影响不断深化，银行也陆续推出在线余额理财产品。这些银行系“宝”类产品大部分对接的是基金公司的货币基金产品，且在申购、赎回方面设置了“T+1”“T+0”等便捷措施，有的产品还能实现支付消费、还信用卡、取现等功能。在收益率方面，银行系“宝”类产品的收益与互联网系“宝”类产品不相上下。

本书整理了“2017 年中国银行业 100 强榜”中前 10 强的“宝”类产品，如表 2.5.53 所示。

表 2.5.53 银行系“宝”类产品

序号	银行	“宝”类产品名称
1	中国工商银行	薪金宝
2	中国建设银行	速盈
3	中国银行	中银活期宝
4	中国农业银行	农银快 E 宝
5	交通银行	快溢通
6	招商银行	朝朝盈
7	中国邮政储蓄银行	邮益宝
8	中信银行	薪金煲
9	中国民生银行	如意宝
10	上海浦东发展银行	天添盈

注：百强榜来源于金融界理财频道 2017 年 11 月 17 日数据，“宝”类产品名称系本书作者整理完成。

手机银行 App 的投资界面通常会有“宝”类产品的基本情况介绍，投资者可通过 App 直接购买，确认收益后可查询七日年化收益率、万份收益、昨日收益以及总金额，可直观了解投资收益状况。比如，以招商银行的“朝朝盈”为例，打开手机银行的“朝朝盈”界面，在底部显示“转出”“转入”选项。若用户打算存入“朝朝盈”，点击“转入”，可直接将款项从招商银行账户转入“朝朝盈”账户，上限 5 万元。若用户出现用款需求，则点击“转出”，款项可通过快速转出或普通转出两种方式转入招商银行账户，操作非常简单易学。

银行系“宝”类产品丰富了投资者多元化的选择，是一种方便实惠的投资理财方式。与余额宝相比，除支付功能外，银行系“宝”类产品也能够实现便捷理财，而且在安全性上更具优势。

第十二节 投资创业

案例引入

小王非常喜欢烘焙的过程，而且用料考究，做出来的蛋糕、饼干非常好吃，同事和同学们都很喜欢，他们建议小王在朋友圈开个小店卖蛋糕。小王也觉得主意不错，不仅能充分发挥特长，而且能增加收入，也算是小小的创业了。因为小王还有本职工作，所以她只能周末接单做蛋糕、面包。

准备好了需要的原料，12 月 15 日，小王开始在朋友圈接单。因为之前有同事、同学吃过小王的蛋糕，感觉不错，所以第一个周末总共接到 4 个蛋糕订单，2 单 8 寸[①]，2 单 6 寸。其中 8 寸蛋糕 248 元，6 寸蛋糕 158 元。忙了两天，蛋糕完成，评价很好，小王自己也很满意。

12 月 17 日晚上，小王在家计算做 4 个蛋糕到底赚了多少钱。4 个蛋糕都是通过微信收款，存在微信钱包，总共增加了 812 元。小王心想：难道我做 4 个蛋糕赚了 812 元吗？

案例分析

首先，小王的微信钱包增加了 812 元，表示小王拥有的资产增加了 812 元。812 元微信钱包余额既没有转账到中国银行卡，也没有转到微信理财通，所以不能放进银行存款，也不能放进短期投资核算，可以将微信钱包余额计入“其他货币资金”。

① 1 寸≈3.33 厘米。

其次，812 元来源于小王卖蛋糕的收入，小王还有本职工作，暂时只能周末做蛋糕，而且 812 元金额较小，所以计入“其他收入”核算，即小王周末做蛋糕对外销售实现了 812 元收入。

再次，我们还要考虑做蛋糕需要原料，比如鸡蛋、面粉、牛奶、奶油以及各种装饰等，这都是需要成本的。假定小王这个周末做蛋糕用的所有原料都是周五晚上去超市购买的，总共刷信用卡 400 元（为简化，不一一列示各项明细），而且全部用到 4 个蛋糕上，没有剩余，那我们能够计算出 4 个蛋糕需要的原料成本为 400 元。这些原料购入时计入原材料账户，使用后转入其他支出。

原材料是资产类账户，核算会计主体拥有或库存的各种原料，这里用作核算小王为制造蛋糕而专门购入的各种原料，可以按照材料类别或特征设置明细科目。借方登记购入的各种材料的增加；贷方登记使用或损耗的材料，记资产的减少；余额在借方，表示可供使用的原材料。如图 2.5.87 所示。

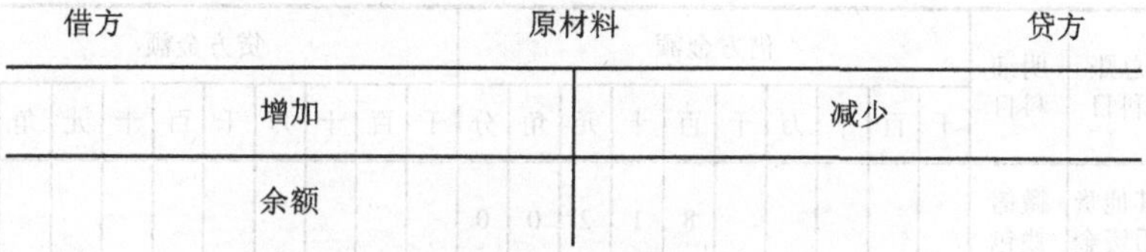

图 2.5.87　原材料

其他支出是损益类账户，核算会计主体在其他业务中发生的支出或成本，包括销售其他产品耗用的原料、耗材等。借方登记其他支出的增加，贷方登记转出的其他支出，年末将账户余额结转至本年利润后，该账户无余额。如图 2.5.88 所示。

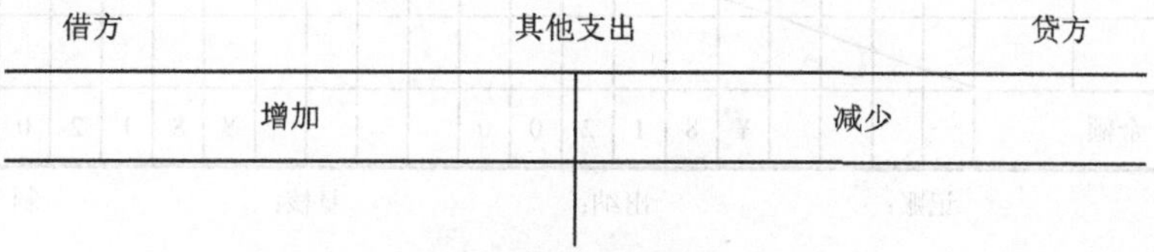

图 2.5.88　其他支出

最后，烘烤蛋糕用的烤箱损耗、器具以及水电等的使用，也需要按照一定的标准摊到这 4 个蛋糕中。如果是企业核算利润，还要考虑人工费，收入在扣除材料费、机器损耗后，还得扣除人工费，最后才是该项目或该业务的利润。如果小王在朋友圈创业能够持续经营下去，那么也要将机器损耗和人工费进行核算。为简化，该笔业务不考虑机器损耗和人工费。

案例处理

一、销售收款

通过分析，我们知道小王的微信钱包总共收到 812 元，资产中的其他货币资金增加 812 元。从来源上看，属于小王的其他收入增加 812 元。因此，小王应当编制的会计分录如下：

借：其他货币资金——微信钱包　　812

　贷：其他收入——烘焙　　812

根据会计分录，小王可以填制如图 2.5.89 所示的记账凭证：

记 账 凭 证

2017 年 12 月 17 日　　字第　号

摘要	总账科目	明细科目	借方金额										贷方金额										记账签章
			千	百	十	万	千	百	十	元	角	分	千	百	十	万	千	百	十	元	角	分	
微信收款——蛋糕	其他货币资金	微信钱包						8	1	2	0	0											
微信收款——蛋糕	其他收入	烘焙																8	1	2	0	0	
合计金额							¥	8	1	2	0	0					¥	8	1	2	0	0	

附件　张

会计主管：　　记账：　　出纳：　　复核：　　制单：

图 2.5.89　销售收款

二、结转成本

小王做蛋糕需要成本和耗费，将来用销售蛋糕取得的收入来弥补。12 月 17 日耗用的所有原料总共 400 元，原材料减少 400 元，即资产减少 400 元；同时耗用的原料转移到蛋糕的成本里，蛋糕的成本增加 400 元。因此，小王可以编制如下会计分录：

借：其他支出——烘焙　　400

　　贷：原材料　　400

根据上述会计分录，小王可以填制如图 2.5.90 所示的记账凭证：

记 账 凭 证

2017 年 12 月 17 日　　字第　　号

摘要	总账科目	明细科目	借方金额										贷方金额										记账签章
			千	百	十	万	千	百	十	元	角	分	千	百	十	万	千	百	十	元	角	分	
结转蛋糕成本	其他支出	烘焙						4	0	0	0	0											
结转蛋糕成本	原材料																	4	0	0	0	0	
合计金额							¥	4	0	0	0	0					¥	4	0	0	0	0	

附件　张

会计主管：　　记账：　　出纳：　　复核：　　制单：

图 2.5.90　结转成本

三、购买原材料

12 月 15 日晚上，小王去超市采购了做蛋糕所需的各种原料，总价 400 元，使用信用卡支付。一方面，买回了烘焙原料，资产增加；另一方面，信用卡账单增加 400 元，需要在还款期内归还 400 元，负债增加。小王可以编制如下会计分录：

借：原材料　　400

　　贷：短期借款——信用卡　　400

根据上述会计分录，请同学们自行填写如图 2.5.91 所示的记账凭证：

记 账 凭 证

2017 年 12 月 15 日　　　　字第　　号

摘要	总账科目	明细科目	借方金额										贷方金额										记账签章
			千	百	十	万	千	百	十	元	角	分	千	百	十	万	千	百	十	元	角	分	
合计金额																							

附件　张

会计主管：　　记账：　　出纳：　　复核：　　制单：

图 2.5.91　购买原材料

案例记账

填制完记账凭证，小王要将填写无误的记账凭证登账，根据喜好登记 T 型账户或者明细账，登账后要在记账凭证右侧打“ √ ”，表示登账完毕。如图 2.5.92 和图 2.5.93 所示。

记 账 凭 证

2017 年 12 月 17 日　　　　字第　　号

摘要	总账科目	明细科目	借方金额										贷方金额										记账签章
			千	百	十	万	千	百	十	元	角	分	千	百	十	万	千	百	十	元	角	分	
微信收款——蛋糕	其他货币资金	微信钱包						8	1	2	0	0											√
微信收款——蛋糕	其他支出	烘焙																8	1	2	0	0	√
合计金额							¥	8	1	2	0	0					¥	8	1	2	0	0	

附件　张

会计主管：　　记账：　　出纳：　　复核：　　制单：

图 2.5.92　销售收入登账后

记账凭证

2017 年 12 月 17 日　　　　字第　　号

摘要	总账科目	明细科目	借方金额										贷方金额										记账签章
			千	百	十	万	千	百	十	元	角	分	千	百	十	万	千	百	十	元	角	分	
结转蛋糕成本	其他支出	烘焙						4	0	0	0	0											√
结转蛋糕成本	原材料																	4	0	0	0	0	√
合计金额							¥	4	0	0	0	0					¥	4	0	0	0	0	

附件　张

会计主管：　　记账：　　出纳：　　复核：　　制单：

图 2.5.93　结转成本登账后

一、T 型账户

（一）销售收款

如图 2.5.94 所示。

其他货币资金——微信钱包	
812	

其他收入——烘焙	
	812

图 2.5.94　销售收款 T 型账户

（二）成本结转

如图 2.5.95 所示。

其他支出——烘焙	
400	

原材料	
	400

图 2.5.95　成本结转 T 型账户

二、明细账

（一）销售收款

如表 2.5.54 和表 2.5.55 所示。

表 2.5.54 其他货币资金——微信钱包明细账 单位：元

2017年		凭证		摘要	会计科目	借方金额	贷方金额	余额	过账
月	日	字	号						
12	17	记		卖蛋糕微信收款	其他收入（烘焙）	812			

表 2.5.55 其他收入——烘焙明细账 单位：元

2017年		凭证		摘要	会计科目	借方金额	贷方金额	余额	过账
月	日	字	号						
12	17	记		卖蛋糕微信收款	其他货币资金（微信钱包）		812		

（二）成本结转

如表 2.5.56 和表 2.5.57 所示。

表 2.5.56 其他支出——烘焙明细账 单位：元

2017年		凭证		摘要	会计科目	借方金额	贷方金额	余额	过账
月	日	字	号						
12	17	记		结转蛋糕成本	原材料	400			

表 2.5.57 原材料明细账 单位：元

2017 年		凭证		摘要	会计科目	借方金额	贷方金额	余额	过账
月	日	字	号						
12	17	记		结转蛋糕成本	其他支出（烘焙）		400		

拓展知识

一、利润

对企业而言，利润是企业某一时期经营成果的表现，主要包括营业利润和营业外收支净额两部分，其中营业利润又包括主营业务、其他业务和投资收益等。通常，主营业务利润是主营业务收入扣减主营业务成本、期间费用和税金及附加的差额，其他业务利润是其他业务收入扣减其他业务成本的差额。

对小王来讲，小王有本职工作，本职工作是主营业务；业余时间在朋友圈卖自制蛋糕属于其他业务。小王计算周末做 4 个蛋糕赚了多少钱，实际是计算其他业务利润。其他业务利润的计算公式如下：

其他业务利润=其他收入–其他支出=812–400=412 元

其他收入是在其他业务中取得的收入，其他支出是取得其他收入发生的耗费，包括耗费的材料、人工和其他费用。小王计算其他支出时，为简化，只考虑了蛋糕的材料费，没有考虑人工费，也没有考虑水电费和机器设备损耗等其他费用，其他业务利润实际上多算了。

假如小王能够将烘焙业务坚持下去，每周末都能做蛋糕、面包、饼干等，那么她需要把人工费、水电费、机器损耗等都计算进其他支出，否则成本是不完整的，利润也是不准确的。

二、创业

创业是创业者对自己拥有的资源或通过努力对能够拥有的资源进行优化整合，从而创造出更大经济或社会价值的过程，是一个人发现了一个商机并通过实际行动转化为具体的社会形态，获得利益，实现价值。

有调查研究表明，创业基本可以分成以下类型：

（一）生存型

生存型创业者大多为下岗工人，失去土地或因为种种原因不愿困守乡村的农民，以及刚刚毕业找不到工作的大学生。这是中国数量最大的创业人群，约占中国创业者总数的90%。

创业范围多数局限于商业贸易，少量从事小型的加工业。

（二）主动型

主动型创业又可以分为两种，一种是盲动型创业，一种是冷静型创业。盲动型创业者大多极为自信，做事冲动。这种类型的创业者，大多是博彩爱好者，喜欢买彩票，喜欢赌，而不太喜欢检讨成功概率。这样的创业者很容易失败，但一旦成功，往往就是一番大事业。冷静型创业者是创业者中的精华，其特点是谋定而后动，不打无准备之仗，或是掌握资源，或是拥有技术，一旦行动，成功概率通常很高。

（三）赚钱型

赚钱型创业者除了赚钱，没有明确的目标。他们就是喜欢创业，喜欢做老板的感觉。他们不计较自己能做什么，会做什么。可能在做着这样一件事的时候又在做着那样一件事，他们做的事情之间可以完全不相干。甚至其中有一些人，连对赚钱都没有明显的兴趣，也从来不考虑自己创业的成败得失。奇怪的是，这一类创业者中赚钱的并不少，创业失败的概率也并不比那些兢兢业业、勤勤恳恳的创业者高。此外，这一类创业者大多过得很快乐。

（四）创意、创新、创业型

此类创业模式对创业者的个人素质要求很高，创业成功往往形成独角兽企业，有时形成新的业态。首先，创业者要处理好创意、创新、创业三者的关系：常规思维及创新思维产生创意，创意是创新的基础，创意是创业的动力源之一，创新与创业的结合形成新的生产方式，良好的创新、创业氛围更易激发人们的创意，创意、创新、创业组合的链条是推动各业发展、社会繁荣的重要源泉；其次是配置资源。

第六章
家庭财务报表的编制及分析

案例引入

刘力是一位刚入职场半年的毕业生，目前的工作岗位是一家广告公司的设计部助理人员。刘力的专业是广告设计，对于财务知识一窍不通。工作半年，刘力发现自己根本没攒下钱，几乎是“月月光”，是名副其实的“月光族”。在同学小王的建议下，刘力开始对自己的资金收支往来记账，希望通过记账改善自己的财务状况。

案例分析

刘力从 2018 年 1 月开始记账，正式记账之前，她把自己的全部“家当”盘点了一遍，全部资料如下：

一、期初资料

如表 2.6.1 所示。

表 2.6.1　2018 年 1 月期初余额表　单位：元

资产	金额	负债及权益	金额
现金	500	欠同事钱	500
中国银行存款	3 000	信用卡欠款	4 000
余额宝	6 000	父母投资	10 000
同学借钱	1 000		
计算机	4 000		
合计	14 500	合计	14 500

二、2018 年 1 月发生的业务

（1）1 日，收到本月工资 4 000 元，直接打入工资卡；

（2）1 日，往余额宝里转入 2 000 元；

（3）1 日，同学微信群里抢红包，总共 50 元；

（4）2 日，买了一套护肤品 200 元，支付宝花呗付款；

（5）5 日，大学同学聚会，AA 制，付了 100 元，支付宝绑定借记卡转出；

（6）8 日，同事结婚，送了 200 元红包现金；

（7）12 日，还之前欠同事的 500 元，支付宝绑定借记卡转出；

（8）15 日，同学还了 500 元现金，还有 500 元没还；

（9）20 日，还上月信用卡 4 000 元，支付宝绑定银行账号直接还款；

（10）25 日，超市购买日用品 150 元，信用卡付款；

（11）31 日，汇总本月的早餐、水果以及晚餐费用，总共 800 元，都是支付宝绑定信用卡付费；

（12）31 日，刘力查询余额宝，发现本月收益为 30 元；

（13）31 日，结转本月损益类账户；

刘力应当如何编制自己的生活报表呢？

第一节 资产负债表

案例处理

资产负债表是一张反映某一特定时点财务状况的财务报表，而不是反映某一特定时期的财务报表。从会计科目的角度看，反映的是会计科目在某一时点的结余额。

按照涵盖的时间，资产负债表可以按年编制，也可以按季度、按月编制。按年度编制的资产负债表，反映的是企业在特定年度 12 月 31 日的财务状况。若按季度编制资产负债表，则反映企业在每个季末最后一天的财务状况。按月份编制的资产负债表，反映的是企业在特定月份月末最后一天的财务状况。

资产负债表能够提供某一时点资产的总额及结构，表明会计主体能够控制的资源及分布，有助于报表使用者了解该主体拥有的资产总量和结构。

资产负债表能够提供某一时点负债的总额及结构，表明企业未来需要清偿的债务以及时间的早晚。

资产负债表能够反映所有者在会计主体拥有的权益，帮助所有者判断资本保值、增值情况以及权益对主体负债的保障程度。

一、资产负债表的编制方法

资产负债表是指反映会计主体在某一特定日期的财务状况的报表，主要反映资产、负债和所有者权益三方面的内容，并满足"资产＝负债＋所有者权益"这一会计恒等式。

其中，资产按照流动资产和固定资产两大类别在资产负债表中列示，在流动资产和固定资产类别下进一步按性质分项列示。

负债应当按照流动负债和长期负债在资产负债表中列示，在流动负债和长期负债类别下再进一步按性质分项列示。

所有者权益一般按照实收资本、净收益分项列示。

通常资产负债表采用账户式结构，分为左右两方，左方为资产，右方为负债和所有者权益。资产负债表各项目均需填列"期初余额"和"期末余额"两栏。其中"期初余额"栏内各项数字，应根据上期末资产负债表的"期末余额"栏内所列数字填列。

资产负债表的期初、期末金额栏可以通过以下几种方法填列：

（一）根据科目余额直接填列

如果报表项目对应的科目只有一级科目，没有明细科目，可根据该科目余额直接填列。如"现金""银行存款""短期投资""其他应收款""固定资产"，根据各科目的余额直接填列。

（二）根据科目余额合并填列

如果报表项目对应的科目有多个明细科目，则根据该明细科目余额合并填列。如"短期借款"项目，根据"短期借款——信用卡""短期借款——花呗"两个科目的余额合计数填列。

（三）综合运用上述填列方法分析填列

二、资产负债表的编制步骤

（一）根据给定期初余额表登记账簿期初余额

1. 现金 500 元

如图 2.6.1 所示。

借方	现金	贷方
期初：500		

图 2.6.1 现金 500 元

2. 存款 3 000 元

如图 2.6.2 所示。

银行存款——中国银行

借方	贷方
期初：3 000	

图 2.6.2 存款 3 000 元

3. 余额宝 6 000 元

如图 2.6.3 所示。

短期投资——余额宝

借方	贷方
期初：6 000	

图 2.6.3 余额宝 6 000 元

4. 同学借款 1 000 元

如图 2.6.4 所示。

其他应收款

借方	贷方
期初：1 000	

图 2.6.4 同学借款 1 000 元

5. 计算机 4 000 元

如图 2.6.5 所示。

固定资产——计算机

借方	贷方
期初：4 000	

图 2.6.5 计算机 4 000 元

6. 欠同事 500 元

如图 2.6.6 所示。

其他应付款

借方	贷方
	期初：500

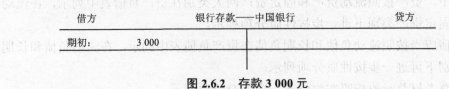

图 2.6.6 欠同事 500 元

7. 信用卡欠款 4 000 元

如图 2.6.7 所示。

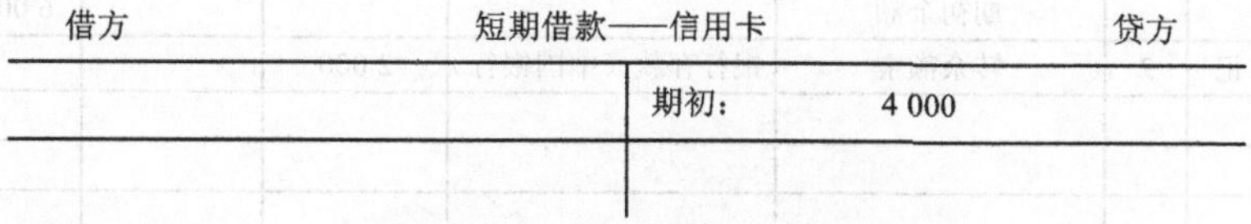

图 2.6.7　信用卡欠款 4 000 元

8. 父母投资 10 000 元

如图 2.6.8 所示。

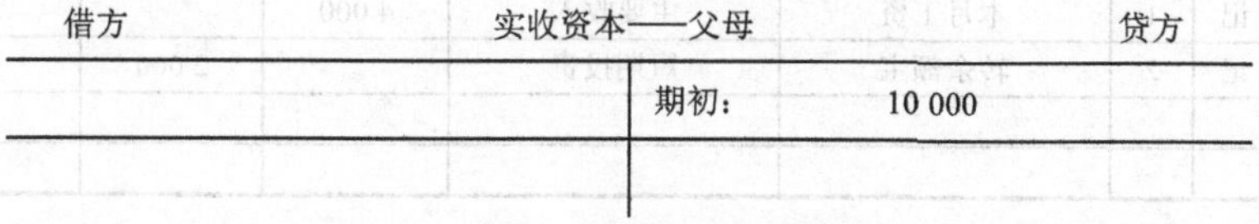

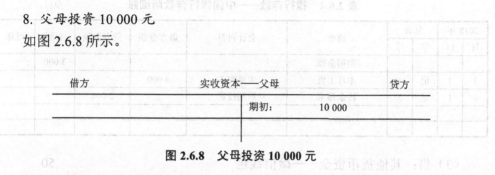

图 2.6.8　父母投资 10 000 元

（二）根据本月发生经济活动，编制分录、登记账簿

（1）借：银行存款——中国银行　　4 000

　　贷：主要收入——工资　　4 000

如表 2.6.2 所示。

表 2.6.2　银行存款——中国银行存款明细账　　单位：元

2018 年		凭证		摘要	会计科目	借方金额	贷方金额	余额	过账
月	日	字	号						
				期初余额				3 000	
1	1	记	1	本月工资	主要收入	4 000			

（2）借：短期投资——余额宝　　2 000

　　贷：银行存款——中国银行　　2 000

如表 2.6.3 和表 2.6.4 所示。

表 2.6.3　短期投资——余额宝明细账　单位：元

2018年		凭证		摘要	会计科目	借方金额	贷方金额	余额	过账
月	日	字	号						
				期初余额				6 000	
1	1	记	2	转余额宝	银行存款（中国银行）	2 000			

表 2.6.4　银行存款——中国银行存款明细账　单位：元

2018年		凭证		摘要	会计科目	借方金额	贷方金额	余额	过账
月	日	字	号						
				期初余额				3 000	
1	1	记	1	本月工资	主要收入	4 000			
1	1	记	2	转余额宝	短期投资		2 000		

（3）借：其他货币资金——微信钱包　50

　　贷：额外收入——红包　50

如表 2.6.5 所示。

表 2.6.5　其他货币资金——微信钱包明细账　单位：元

2018年		凭证		摘要	会计科目	借方金额	贷方金额	余额	过账
月	日	字	号						
1	1	记	3	抢微信红包	额外收入	50			

（4）借：管理费用——服饰护肤　200

　　贷：短期借款——花呗　200

如表 2.6.6 所示。

表 2.6.6　短期借款——花呗明细账　单位：元

2018年		凭证		摘要	会计科目	借方金额	贷方金额	余额	过账
月	日	字	号						
1	2	记	4	花呗买护肤品	管理费用（服饰护肤）		200		

（5）借：管理费用——餐费　　100

　　贷：银行存款——中国银行　　100

如表 2.6.7 所示。

表 2.6.7　银行存款——中国银行存款明细账　　单位：元

2018 年		凭证		摘要	会计科目	借方金额	贷方金额	余额	过账
月	日	字	号						
				期初余额				3 000	
1	1	记	1	本月工资	主要收入	4 000			
1	1	记	2	转余额宝	短期投资（余额宝）		2 000		
1	5	记	5	同学聚餐	管理费用（餐费）		100		

（6）借：管理费用——人情往来　　200

　　贷：现金　　200

如表 2.6.8 所示。

表 2.6.8　现金明细账　　单位：元

2018 年		凭证		摘要	会计科目	借方金额	贷方金额	余额	过账
月	日	字	号						
				期初余额				500	
1	8	记	6	同事结婚份子钱	管理费用（人情）		200		

（7）借：其他应付款　　500

　　贷：银行存款——中国银行　　500

如表 2.6.9 和表 2.6.10 所示。

表 2.6.9　其他应付款明细账　　单位：元

2018 年		凭证		摘要	会计科目	借方金额	贷方金额	余额	过账
月	日	字	号						
				期初余额				500	
1	12	记	7	还同事钱	银行存款（中国银行）	500			

表 2.6.10　银行存款——中国银行存款明细账　　单位：元

2018 年		凭证		摘要	会计科目	借方金额	贷方金额	余额	过账
月	日	字	号						
				期初余额				3 000	
1	1	记	1	本月工资	主要收入	4 000			
1	1	记	2	转余额宝	短期投资（余额宝）		2 000		
1	5	记	5	同学聚餐	管理费用（餐费）		100		
1	12	记	7	还同事钱	其他应付款		500		

（8）借：现金　　500

　　贷：其他应收款　　500

如表 2.6.11 和表 2.6.12 所示。

表 2.6.11　现金明细账　　单位：元

2018 年		凭证		摘要	会计科目	借方金额	贷方金额	余额	过账
月	日	字	号						
				期初余额				500	
1	8	记	6	同事结婚份子钱	管理费用（人情）		200		
1	15	记	8	同事还钱	其他应收款	500			

表 2.6.12　其他应收款明细账　　单位：元

2018 年		凭证		摘要	会计科目	借方金额	贷方金额	余额	过账
月	日	字	号						
				期初余额				1 000	
1	15	记	8	同事还钱	现金		500		

（9）借：短期借款——信用卡　　4 000

　　贷：银行存款——中国银行　　4 000

如表 2.6.13 和表 2.6.14 所示。

表 2.6.13 短期借款——信用卡明细账 单位：元

2018 年		凭证		摘要	会计科目	借方金额	贷方金额	余额	过账
月	日	字	号						
				期初余额				4 000	
1	20	记	9	还信用卡	银行存款（中国银行）	4 000			

表 2.6.14 银行存款——中国银行存款明细账 单位：元

2018 年		凭证		摘要	会计科目	借方金额	贷方金额	余额	过账
月	日	字	号						
				期初余额				3 000	
1	1	记	1	本月工资	主要收入	4 000			
1	1	记	2	转余额宝	短期投资（余额宝）		2 000		
1	5	记	5	同学聚餐	管理费用（餐费）		100		
1	12	记	7	还同事钱	其他应付款		500		
1	20	记	9	还信用卡	短期借款（信用卡）		4 000		

（10）借：管理费用——日用品 150

贷：短期借款——信用卡 150

如表 2.6.15 所示。

表 2.6.15 短期借款——信用卡明细账 单位：元

2018 年		凭证		摘要	会计科目	借方金额	贷方金额	余额	过账
月	日	字	号						
				期初余额				4 000	
1	20	记	9	还信用卡	银行存款（中国银行）	4 000			
1	25	记	10	买日用品	管理费用（日用品）		150		

（11）借：管理费用——餐费 800

贷：短期借款——信用卡 800

如表 2.6.16 所示。

表 2.6.16 短期借款——信用卡明细账 单位：元

2018 年		凭证		摘要	会计科目	借方金额	贷方金额	余额	过账
月	日	字	号						
				期初余额				4 000	
1	20	记	9	还信用卡	银行存款（中国银行）	4 000			
1	25	记	10	买日用品	管理费用（日用品）		150		
1	31	记	11	汇总早、晚餐	管理费用（餐费）		800		

（12）借：短期投资——余额宝 30

贷：投资收益——余额宝 30

如表 2.6.17 所示。

表 2.6.17 短期投资——余额宝明细账 单位：元

2018 年		凭证		摘要	会计科目	借方金额	贷方金额	余额	过账
月	日	字	号						
				期初余额				6 000	
1	1	记	2	转余额宝	资产（存款）	2 000			
1	31	记	12	本月投资收益	投资收益（余额宝）	30			

（13）借：主要收入——工资 4 000

投资收益——余额宝 30

额外收入——红包 50

贷：本年利润 4 080

如表 2.6.18 所示。

表 2.6.18 损益类科目明细账 单位：元

2018 年		凭证		摘要	会计科目	借方金额	贷方金额	余额	过账
月	日	字	号						
1	31	记	13	转收入	主要收入		4 000		
1	31	记	13	转收入	额外收入		50		
1	31	记	13	转收入	投资收益		30		

（14）借：本年利润　　　　　　　　　　　　　　　　　1 450

　　　贷：管理费用——服饰护肤　　　　　　　　　　　　　200

　　　　　　　　　——餐费　　　　　　　　　　　　　　　900

　　　　　　　　　——人情　　　　　　　　　　　　　　　200

　　　　　　　　　——日用品　　　　　　　　　　　　　　150

表 2.6.19　本年利润明细账　　　　单位：元

2018 年		凭证		摘要	会计科目	借方金额	贷方金额	余额	过账
月	日	字	号						
1	31	记	13	转收入	主要收入		4 000		
1	31	记	13	转收入	额外收入		50		
1	31	记	13	转收入	投资收益		30		
1	31	记	14	转支出	管理费用（服饰护肤）	200			
1	31	记	14	转支出	管理费用（餐费）	900			
1	31	记	14	转支出	管理费用（人情）	200			
1	31	记	14	转支出	管理费用（日用品）	150			

（三）资产负债表的余额填列

1. 查找“现金”“银行存款”“其他货币资金”账簿（为简化，下文都选择 T 型账户）

如图 2.6.9～图 2.6.11 所示。

借方	现金		贷方
期初：	500		
	⑧500	⑥200	
期末：	800		

图 2.6.9　查找“现金”账簿

从“现金”账簿可以发现期初余额 500 元，是 2018 年 1 月 1 日刘力开始记账时的期初余额。本期该账户分别有增加额 500 元和减少额 200 元，期末余额＝期初余额＋增加额－减少额＝500＋500－200＝800 元。

借方	银行存款	贷方
期初：	3 000	
	①4 000	②2 000
		⑤ 100
		⑦ 500
		⑨ 4 000
期末：	400	

图 2.6.10 查找“银行存款”账簿

从“银行存款”账簿可以发现期初余额 3 000 元，是 2018 年 1 月 1 日刘力开始记账时的期初余额。本期该账户有一笔增加额 4 000 元和四笔减少额，分别是 2 000 元、100 元、500 元和 4 000 元，期末余额 = 期初余额 + 增加额 − 减少额 = 3 000 + 4 000 − 2 000 − 100 − 500 − 4 000 = 400 元。

借方	其他货币资金	贷方
	③50	
期末：	50	

图 2.6.11 查找 “其他货币资金” 账簿

从“其他货币资金”账簿可以发现没有期初余额，本期该账户只有一笔借方增加额 50 元，期末余额也是 50 元。

资产负债表中的“货币资金”项目包括“现金”“银行存款”“其他货币资金”三个账户的汇总，将期初汇总金额 3 500 元和期末汇总金额 1 250 元分别填入期初、期末栏。

2. 查找“短期投资”账簿

如图 2.6.12 所示。

借方	短期投资	贷方
期初：	6 000	
	②2 000	
	⑫ 30	
期末：	8 030	

图 2.6.12 查找“短期投资”账簿

从“短期投资”账簿可以发现期初余额 6 000 元，是 2018 年 1 月 1 日刘力开始记账时的期初余额。本期该账户有两笔增加额 2 000 元和 30 元，期末余额 = 期初余额 + 增加额 − 减少额 = 6 000 + 2 000 + 30 = 8 030 元。将期初、期末余额分别填列在资产负债表的对应栏目。

3. 查找“其他应收款”账簿

如图 2.6.13 所示。

借方	其他应收款	贷方
期初：1 000		
		⑧500
期末：500		

图 2.6.13 查找“其他应收款”账簿

从“其他应收款”账簿可以发现期初余额 1 000 元，是 2018 年 1 月 1 日刘力开始记账时的期初余额。本期该账户有一笔减少额 500 元，期末余额＝期初余额＋增加额－减少额＝1 000－500＝500 元。将期初、期末余额分别填列在资产负债表的对应栏目。

4. 查找“固定资产——计算机”账簿

如图 2.6.14 所示。

借方	固定资产——计算机	贷方
期初：4 000		
期末：4 000		

图 2.6.14 查找“固定资产——计算机”账簿

从“固定资产——计算机”账簿可以发现期初余额 4 000 元，是 2018 年 1 月 1 日刘力开始记账时的期初余额。本期该账户没有增减额，期末余额仍然为 4 000 元。将期初、期末余额分别填列在资产负债表的对应栏目。

5. 查找“短期借款”账簿

短期借款有两个明细科目“信用卡”和“花呗”，两个明细账户的余额和发生额分别如图 2.6.15 和图 2.6.16 所示。

借方	短期借款——信用卡	贷方
		期初：4 000
⑨4 000		⑩150
		⑪800
		期末：950

图 2.6.15 查找“短期借款”账簿（信用卡）

借方	短期借款——花呗	贷方
		④200
		期末：200

图 2.6.16 查找“短期借款”账簿（花呗）

从“短期借款——信用卡”账簿可以发现期初余额 4 000 元，是 2018 年 1 月 1 日刘力开始记账时的期初余额。本期该账户有两笔增加额 150 元和 800 元，还有一笔减少额 4 000 元，期末余额 = 期初余额 + 增加额 − 减少额 = 4 000 + 150 + 800 − 4 000 = 950 元。

从“短期借款——花呗”账簿可以发现没有期初余额，本期该账户有一笔增加额 200 元，期末余额 = 期初余额 + 增加额 − 减少额 = 200 元。

报表项目“短期借款”的余额是两个明细账户的合计，要将“短期借款——信用卡”和“短期借款——花呗”账户的期初、期末余额汇总后，分别填列在资产负债表的对应栏目。

6. 查找“其他应付款”账簿

如图 2.6.17 所示。

其他应付款

借方	贷方
	期初： 500
⑦500	

图 2.6.17 查找“其他应付款”账簿

从“其他应付款”账簿可以发现期初余额 500 元，是 2018 年 1 月 1 日刘力开始记账时的期初余额。本期该账户只有一笔减少额 500 元，期末余额 = 期初余额 + 增加额 − 减少额 = 500 − 500 = 0 元。将期初、期末余额分别填列在资产负债表的对应栏目。

7. 查找“实收资本”账簿

如图 2.6.18 所示。

实收资本

借方	贷方
	期初： 10 000
	期末： 10 000

图 2.6.18 查找“实收资本”账簿

从“实收资本”账簿可以发现期初余额 10 000 元，是 2018 年 1 月 1 日刘力开始记账时的期初余额。本期该账户没有变动，期末余额仍然为 10 000 元。将期初、期末余额分别填列在资产负债表的对应栏目。

8. 查找“本年利润”账簿

如图 2.6.19 所示。

借方	本年利润	贷方
⑭200		⑬4 000
900		50
200		30
150		
		期末：2 630

图 2.6.19 查找“本年利润”账簿

从“本年利润”账簿可以发现期初余额为0，表示2018年1月1日刘力开始记账时的期初余额为0。本期该账户的发生额为损益类账户本月期末结转过来，共结转收入两笔，发生额分别为4 000元、50元和30元；结转费用四笔，发生额分别为200元、900元、200元和150元。期末余额＝期初余额＋增加额－减少额＝4 000＋50＋30－200－900－200－150＝2 630元。将期初、期末余额分别填列在资产负债表的对应栏目。

9. 合计栏

合计栏数据直接取资产、负债、所有者权益类各个账户期初、期末数的合计填列在对应位置。

刘力编制的2018年1月31日的资产负债表如表2.6.20所示：

表 2.6.20 资产负债表（刘力）

主体：刘力　　　　2018年1月31日　　　　单位：元

项目	期初数	期末数	项目	期初数	期末数
流动资产			流动负债		
货币资金	3 500	1 250	短期借款	4 000	1 150
应收款项	1 000	500	应付款项	5 00	0
短期投资	6 000	8 030	其他		
其他			长期负债		
			长期借款		
长期资产			权益		
固定资产	4 000	4 000	实收资本	10 000	10 000
无形资产			净收益		2 630
投资性房地产					
资产合计	14 500	13 780	负债及权益合计	14 500	13 780

拓展知识

资产负债表反映的是某一主体在某一特定时点的财务状况。看资产负债表，首先要明确两点：

一是“某一特定时点”，一定要定位到具体的时点，通常指的是月末、季末、半年末或年末，其中月末和年末用得比较多。

二是“财务状况”，包括资产状况、负债状况和所有者权益状况，指的是有多少财产，其中有多少是借钱买的，有多少是自己挣钱买的。

我们用一张简单的资产负债表表示（表 2.6.21）：

表 2.6.21 资产负债表

××××年××月××日　　单位：元

项目	金额	项目	金额
资产		负债	
		所有者权益	
合计		合计	

左边的项目显示某一时点有多少财产，右边的项目反映财产的来源——负债或投资者投入。

我们用案例来说明报表的形成。

一、初始投资

小王 2017 年 7 月 1 日第一天上班，父母投给小王 10 000 元现金庆祝其开启社会人生。此时，小王的资产有 10 000 元现金，这 10 000 元不是父母借的，而是投资的，不需要归还。所以小王的财务状况可以用表 2.6.22 表示。

表 2.6.22 资产负债表（初始投资）

2017 年 7 月 1 日　　单位：元

项目	金额	项目	金额
资产		负债	
现金	10 000	所有者权益	10 000
合计	10 000	合计	10 000

二、日常业务

7 月 3 日，小王用父母投资的 4 000 元买了一台计算机。一方面，现金减少 4 000 元；另一方面，购买计算机金额较大，计算机使用年限长，作为固定资产核算，所以 4 000 元的现金转变为 4 000 元的计算机形态。

此时，小王的财务状况用表 2.6.23 表示：

表 2.6.23 资产负债表（日常业务）

2017 年 7 月 3 日 单位：元

项目	金额	项目	金额
资产		负债	
现金	6 000	所有者权益	10 000
固定资产	4 000		
合计	10 000	合计	10 000

三、期末报表

（1）小王用记账软件随手记载了整个 7 月支出的交通费、餐费等，总共 1 500 元，假定全部支出都通过支付宝绑定的信用卡支付。

（2）7 月 30 日，小王收到了第一份工资 4 000 元，他的农业银行卡余额增加了 4 000 元。

这些业务都需要列示在月末的报表中，比如信用卡支付交通费、餐费等业务，一方面，日常开支增加；另一方面，信用卡支付没有直接减少现金或银行卡余额，而是小王享受到了银行提供给客户的无息贷款。所以这笔业务中资产没有变化，负债增加 1 500 元，管理费用增加 1 500 元。

第二笔业务中小王收到了 4 000 元的工资，银行卡余额增加 4 000 元。一方面，银行存款增加 4 000 元；另一方面，这 4 000 元是小王的工资收入所得，属于所有者权益增加。

此时小王的财务状况相对复杂，用表 2.6.24 表示：

表 2.6.24 资产负债表（期末）

2017 年 7 月 30 日 单位：元

项目	金额	项目	金额
		负债	
		信用卡借款	1 500
资产		所有者权益	
现金	6 000	初始投资	10 000
银行存款	4 000	利润	
固定资产	4 000	收入	4 000
		费用	−1 500
合计	14 000	合计	14 000

通过上述案例中的业务在报表中的体现，我们可以总结以下特点：

（1）资产＝负债＋所有者权益，这是一个会计恒等式。

资产的增加，总有其来源，要么是借来的，要么是所有者投资进来的，要么是自己赚钱挣来的。如果是借来的，对应负债增加；如果是所有者投资进来的，对应初始投资增加；如果是自己赚钱挣来的，对应所有者权益中的利润增加——收入减费用增加。

（2）任何一项经济活动总会影响报表的两个方面，这是复式记账的源头。

比如资产一增一减；比如资产增加，负债增加；比如资产增加，所有者权益增加；比如负债减少，所有者权益增加等。反之亦然。

备注：

（1）资产负债表反映特定日期某一主体整体的财务状况，包含主体发生的所有经济活动的结果。

（2）如果主体的经济活动较多，每笔业务单独在报表中反映业务量较大，需要借助平日的凭证和账簿提前归集、整理，然后填列在报表中。

（3）资产负债表反映主体的财务状况，主体的经营成果需要借助利润表反映。

第二节 利 润 表

案例处理

利润表是一张反映某一特定时期经营成果的财务报表，而不是反映某一特定时点的财务报表。从会计科目的角度看，反映的是会计科目在某时期的发生额。

按照涵盖的时间，利润表可以按年编制，也可以按季度、按月编制。按年度编制的利润表，反映的是主体在整个年度的经营成果。若按季度编制利润表，则反映主体在整个季度的经营成果。按月份编制的利润表，反映的是主体在特定月份的经营成果。

利润表能够提供某一时期收入、支出、结余的数额及构成，表明会计主体在过去某一期间的经营结果，有助于报表使用者全面了解该主体的经营成果，分析该主体的获利能力和发展潜力。

一、利润表的编制方法

利润表是指反映主体在一定会计期间经营成果的报表，其编制依据是“收入－费用＝利润”的会计等式和收入与费用的配比原则。生活会计的利润表采用单步式格式，主要编制步骤和内容如下：

第一步，计算收入。

汇总主要收入、其他收入、额外收入和投资收益的本期发生额或累计发生额，计算出收入总额。

第二步，计算支出。

汇总主要支出、其他支出、所有费用、额外支出的本期发生额或累计发生额，计算出支出总额。

第三步，计算利润。

以收入总额为基础，减去支出费用，计算出利润总额。

二、利润表的编制步骤

（一）根据经济业务编制本月分录、登记账簿

各业务具体分录参见本章第一节资产负债表部分，本节只登记损益类账簿。

1. 登记 1 月工资 4 000 元入账

如表 2.6.25 所示。

表 2.6.25 主要收入——工资明细账 单位：元

2018 年		凭证		摘要	对方科目	借方金额	贷方金额	过账
月	日	字	号					
1	1	记	1	1 月工资	银行存款		4 000	

2. 登记抢微信红包总额 50 元入账

如表 2.6.26 所示。

表 2.6.26 额外收入——红包明细账 单位：元

2018 年		凭证		摘要	对方科目	借方金额	贷方金额	过账
月	日	字	号					
1	1	记	3	抢微信红包	其他货币资金（微信钱包）		50	

3. 登记买护肤品200元入账

如表2.6.27所示。

表2.6.27 管理费用——服饰护肤明细账 单位：元

2018年		凭证		摘要	对方科目	借方金额	贷方金额	过账
月	日	字	号					
1	2	记	4	买护肤品	短期借款（花呗）	200		

4. 登记同学聚餐AA制100元入账

如表2.6.28所示。

表2.6.28 管理费用——餐费明细账 单位：元

2018年		凭证		摘要	对方科目	借方金额	贷方金额	过账
月	日	字	号					
1	5	记	5	同学聚餐AA制	银行存款	100		

5. 登记同事结婚份子钱200元入账

如表2.6.29所示。

表2.6.29 管理费用——人情明细账 单位：元

2018年		凭证		摘要	对方科目	借方金额	贷方金额	过账
月	日	字	号					
1	8	记	6	结婚份子钱	现金	200		

6. 登记超市买日用品 200 元入账

如表 2.6.30 所示。

表 2.6.30 管理费用——日用品明细账 单位：元

2018 年		凭证		摘要	对方科目	借方金额	贷方金额	过账
月	日	字	号					
1	25	记	10	超市买日用品	短期借款（信用卡）	150		

7. 汇总本月早、晚餐等 800 元入账

如表 2.6.31 所示。

表 2.6.31 管理费用——餐费明细账 单位：元

2018 年		凭证		摘要	对方科目	借方金额	贷方金额	过账
月	日	字	号					
1	5	记	5	同学聚餐 AA 制	银行存款	100		
1	31	记	11	汇总早、晚餐等	短期借款（信用卡）	800		

8. 汇总余额宝收益 30 元

如表 2.6.32 所示。

表 2.6.32 投资收益——余额宝明细账 单位：元

2018 年		凭证		摘要	对方科目	借方金额	贷方金额	过账
月	日	字	号					
1	31	记	12	本月投资收益	短期投资（余额宝）		30	

9. 结转损益类科目

如表 2.6.33～表 2.6.39 所示。

表 2.6.33　主要收入——工资明细账　单位：元

2018年		凭证		摘要	对方科目	借方金额	贷方金额	过账
月	日	字	号					
1	1	记	1	1月工资	银行存款		4 000	
1	31	记	13	转收入	本年利润	4 000		

表 2.6.34　额外收入——红包明细账　单位：元

2018年		凭证		摘要	对方科目	借方金额	贷方金额	过账
月	日	字	号					
1	1	记	3	抢微信红包	其他货币资金（微信钱包）		50	
1	31	记	13	转收入	本年利润	50		

表 2.6.35　投资收益——余额宝明细账　单位：元

2018年		凭证		摘要	对方科目	借方金额	贷方金额	过账
月	日	字	号					
1	31	记	12	本月投资收益	短期投资（余额宝）		30	
1	31	记	13	转收入	本年利润	30		

表 2.6.36　管理费用——服饰化妆明细账　单位：元

2018年		凭证		摘要	对方科目	借方金额	贷方金额	过账
月	日	字	号					
1	2	记	4	买护肤品	短期借款（花呗）	200		
1	31	记	14	转支出	本年利润		200	

表 2.6.37　管理费用——人情明细账　　单位：元

2018 年		凭证		摘要	对方科目	借方金额	贷方金额	过账
月	日	字	号					
1	8	记	6	结婚份子钱	现金	200		
1	31	记	14	转支出	本年利润		200	

表 2.6.38　管理费用——日用品明细账　　单位：元

2018 年		凭证		摘要	对方科目	借方金额	贷方金额	过账
月	日	字	号					
1	25	记	10	超市买日用品	短期借款（信用卡）	150		
1	31	记	14	转支出	本年利润		150	

表 2.6.39　管理费用——餐饮明细账　　单位：元

2018 年		凭证		摘要	对方科目	借方金额	贷方金额	过账
月	日	字	号					
1	5	记	5	同学聚餐 AA	银行存款	100		
1	31	记	11	汇总早、晚餐等	短期借款（信用卡）	800		
1	31	记	14	转支出	本年利润		900	

（二）填写利润表各项目发生额

1. 查找“主要收入——工资”账簿（为简化，下文都选择 T 型账户）如图 2.6.20 所示。

借方	主要收入——工资	贷方
⑬4 000		①4 000

图 2.6.20　查找“主要收入——工资”账簿

利润表中“收入”项目指会计主体在日常工作、提供劳务和让渡资产使用权等日常经营业务过程中形成的经济利益的总流入，包括主要收入和其他收入、投资收益等。通常，收入类账户的增加在贷方，减少在借方。期末收入类账户余额转入“本年利润”，结转后收入类账户无余额。

从“主要收入——工资”账簿可以看到，本期的贷方发生额是 4 000 元，所以主要收入项目的本期金额栏填入 4 000 元。如果“主要收入”还有其他明细科目，将其他明细账户的发生额汇总填列到利润表的对应位置。

2. 查找“其他收入”账簿

如图 2.6.21 所示。

其他收入

借方	贷方

图 2.6.21　查找“其他收入”账簿

该账簿本期没有发生额，所以利润表中“其他业务收入”项目的本期发生额栏填入“0”或者不填。

3. 查找“投资收益”账簿

如图 2.6.22 所示。

投资收益——余额宝

借方	贷方
⑭30	⑫30

图 2.6.22　查找“投资收益”账簿

从“投资收益”账簿发现，该账户只有一个明细账户“投资收益——余额宝”有发生额 30 元，在投资收益项目的本期金额栏填入 30 元。如果“投资收益”账户还有其他明细科目，将其他明细账户的发生额汇总填列到“投资收益”项目的对应位置。

4. 查找“额外收入”账簿

如图 2.6.23 所示。

额外收入——红包

借方	贷方
⑭50	③50

图 2.6.23　查找“额外收入”账簿

从“额外收入”账簿发现，该账户只有一个明细账户“额外收入——红包”有发生额50元，在“额外收入”项目的本期金额栏填入50元。如果“额外收入”账户还有其他明细科目，将其他明细账户的发生额汇总填列到“额外收入”项目的对应位置。

5. 查找“管理费用”账簿

如图2.6.24所示。

通过“管理费用”账户各明细账发现，本期共有四个账户有发生额，分别是“管理费用——服饰护肤”200元、“管理费用——餐费”900元、“管理费用——人情”200元和“管理费用——日用品”150元，所以在“管理费用”项目的本期发生额中填入1 450元（200+900+200+150）。

6. 合计栏

合计栏数据直接取收入、支出各个项目本期发生额、本年累计发生额的合计填列在对应位置。本期利润表的收入合计和支出合计分别为4 080元和1 450元。

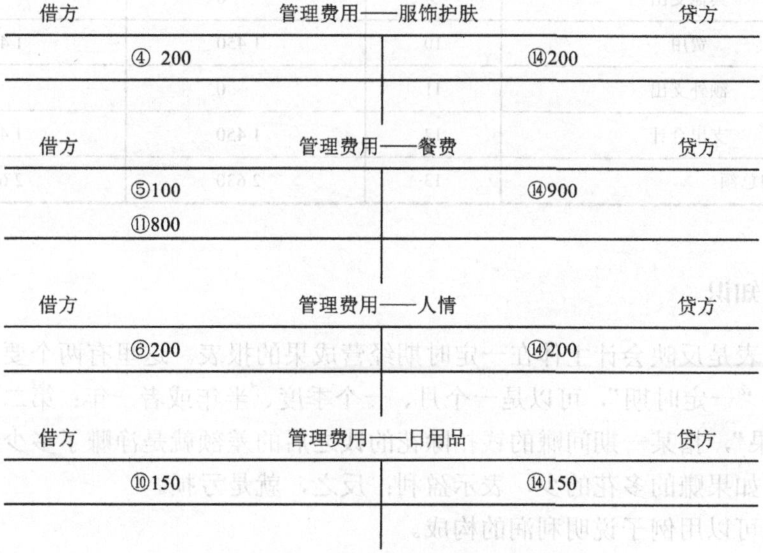

图 2.6.24 查找“管理费用”账簿

7. 利润总额

利润总额=收入合计－支出合计=4 080－1 450=2 630元。

8. 本年累计发生额

本年累计发生额=上月利润表的本年累计发生额+本期利润表的本期发生额。因为当前会计期间是2018年1月，所以本年累计发生额=本期发生额，所以将本期发生额抄至本年累计发生额对应项目。

刘力编制的 2018 年 1 月的利润表如表 2.6.40 所示：

表 2.6.40　利润表（刘力）

主体：刘力　　2018 年 1 月　　单位：元

项目	行次	本期发生额	本年累计发生额
一、收入	1		
主要收入	2	4 000	4 000
其他收入	3	0	0
投资收益	4	30	30
额外收入	5	50	50
收入合计	6	4 080	4 080
二、支出	7		
主要支出	8	0	0
其他支出	9	0	0
费用	10	1 450	1 450
额外支出	11	0	0
支出合计	12	1 450	1 450
三、利润总额	13	2 630	2 630

拓展知识

利润表是反映会计主体在一定时期经营成果的报表。这里有两个要点：第一个要点是“一定时期”，可以是一个月、一个季度、半年或者一年；第二个要点是“经营成果”，指某一期间赚的钱扣除花的钱之后的差额就是净赚了多少钱，用利润表示。如果赚的多花的少，表示盈利；反之，就是亏损。

我们可以用例子说明利润的构成。

（1）比如小王为了增加收入，以 50 元/箱的价格批发了 100 箱苹果，在夜市以 80 元/箱的价格全部销售出去。假如不考虑其他费用支出，请问小王的这次销售净赚多少钱？

首先，我们来看本次销售赚的钱——夜市零售赚的钱，80 元/箱乘以 100 箱，即收入＝80×100＝8 000 元。

其次，我们来看本次销售花的钱——批发苹果花的钱，50 元/箱的批发价格乘以 100 箱，即支出＝50×100＝5 000 元。

那么本次销售的利润＝赚的钱扣除花的钱＝8 000－5 000＝3 000 元，表示小王通过批发零售苹果赚了 3 000 元。

此时的利润表如表 2.6.41 所示。

表 2.6.41　利润表（1）

××××年××月　　　　单位：元

项目	行次	金额
收入	1	8 000
减：支出	2	5 000
利润	3	300

（2）我们可以加上运费，让利润的计算复杂一点。小王为了增加收入，以 50 元/箱的价格批发了 100 箱苹果，租了一辆小货车运到小区门口，支付了 100 元运费。在小区门口的夜市以 80 元/箱的价格全部销售出去。假如不考虑其他费用支出，请问小王的这次销售净赚多少钱？

我们再来看本次销售的利润构成：

首先，我们来看本次销售赚的钱——夜市零售赚的钱，80 元/箱乘以 100 箱，即收入 = 80 × 100 = 8 000 元。

其次，我们来看本次销售花的钱——批发苹果花的钱，50 元/箱的批发价格乘以 100 箱，即支出 = 50 × 100 = 5 000 元。

批发苹果时支付的 100 元运费是因为本次销售发生的，也要计入本次销售花的钱。

那么本次销售的利润 = 赚的钱扣除花的钱 = 8 000 − 5 000 − 100 = 2 900 元，表示小王通过批发零售苹果赚了 2 900 元。

此时的利润表如表 2.6.42 所示：

表 2.6.42　利润表（2）

××××年××月　　　　单位：元

项目	行次	金额
一、收入	1	8 000
二、支出	2	
减：主要支出	3	5 000
销售费用	4	100
三、利润	6	2 900

（3）我们让案例再复杂一点，加入罚款。比如小王在禁止摆摊的区域卖苹果被城管处罚，罚款 200 元。那么在上述案例的基础上，本次销售支付的钱中还得

加上 200 元的罚款，那么本次销售的利润＝赚的钱扣除花的钱＝8 000－5 000－100－200＝2 700 元，表示小王通过批发零售苹果赚了 2 700 元。

此时的利润表如表 2.6.43 所示：

表 2.6.43 利润表（3）

××××年××月		单位：元
项目	行次	金额
一、收入	1	8 000
二、支出	2	
减：主要支出	3	5 000
销售费用	4	100
额外支出	5	200
三、利润	6	2 700

（4）再比如，小王批发苹果的 5 000 元是向同学小张借来的，1 个月后还钱时小王需要支付 200 元的利息。其他的资料同（3）。

因为这 200 元的利息支出是为了这笔销售发生的，所以我们在计算小王的利润时，需要将 200 元的借款利息考虑在内，即本次销售的利润＝赚的钱扣除花的钱＝8 000－5 000－100－200－200＝2 500 元，表示小王通过批发零售苹果赚了 2 500 元。

此时的利润表如表 2.6.44 所示：

通过上述案例，我们可以得出结论：利润＝收入－支出。利润表的编制也是建立在这个公式的基础上。

表 2.6.44 利润表（4）

××××年××月　　　　单位：元

项目	行次	金额
一、收入	1	8 000
二、支出	2	
减：主要支出	3	5 000
销售费用	4	100
财务费用	5	200
额外支出	6	200
三、利润	7	2 500

第三节 报表分析

报表分析是通过分析报表财务数据之间，以及财务数据与非财务数据之间的内在关系，对财务信息做出评价。报表分析的结果是重要的资讯，是主体经营过程各环节运行状况的重要信号，通过这些财务信息，报表使用者就可以捕捉到有参考价值的资讯，并对自身的经营行为做出必要的反应和调整，以达成正确的经营决策。

一、报表分析的目的

（一）衡量主体的财务状况

主体的财务状况隐含于资产负债表中，如资产、负债和所有者权益的结构、比例等，通过这些分析能对主体的财务状况做出客观的评价。

（二）评价主体的经营业绩

经营业绩是由一系列财务指标组成的，如净利的多少、利润率的高低等财务指标。通过对这些指标的分析、研究，评价主体过去的经营业绩。

（三）改善主体的决策

要想有恰当的财务状况和良好的经营业绩，离不开“开源节流”，通过分析报表数据，可以发现主体经营过程中的不足和短板，从而改善今后的经营决策，做到广开源、多节流，争取早日财务自由。

二、报表分析的方法

（一）比较分析法

比较分析法是财务报表分析中最常见的一种方法，也是一种基本方法。它是指将实际的数据同特定的各种标准比较，从数量上确定其差异，并进行差异分析或趋势分析的一种分析方法。

通过比较，要发现差异，寻找产生差异的原因；通过比较，要确定主体经营活动的收益性和资金投向的安全性；通过比较，既要看到企业的不足，也要看到主体未来发展的潜力。

比较分析法的计算公式如下：

$$差异量 = 实际指标 - 标准指标$$

$$差异率 = 差异量 \div 标准指标 \times 100\%$$

（二）比率分析法

比率分析法是通过计算两个不同类但具有一定依存关系的项目之间的比例，来揭示它们之间的内在结构关系，它通常反映财务报表各项目的横向关系。财务报表结构分析中，应在两个场合适用相关比率分析法：同一张财务报表的不同类项目之间，如资产与负债；不同财务报表的有关项目之间，如收入与资产。

三、家庭财务中常用的分析比率

（一）偿债能力分析

偿债能力是财务报表分析的重要组成部分，是指用资产偿还债务的能力。有无支付现金的能力和偿还债务能力，是主体能否生存和健康发展的关键。家庭财务中也存在偿债能力的要求，比如当申请按揭贷款时，银行要求提供房产、车及存款证明，实际上就是在评价主体有无偿债能力。

反映偿债能力的指标有流动比率。

$$流动比率 = \frac{流动资产}{流动负债} \times 100\%$$

流动比率是指 1 元的流动负债有多少流动资产保障，一般情况下，该比率越大越好，比率越大负债越安全。

案例中刘力的报表数据摘录见表 2.6.45，试计算流动比率。

表 2.6.45　报表数据摘录（1）　　单位：元

项目	2018 年 1 月期初	2018 年 1 月期末
流动资产	10 500	9 780
流动负债	4 500	1 150
流动比率	2.33	8.50

2018 年 1 月期初的流动比率是 2.33，表示 1 元负债有 2.33 元的流动资产保障；期末的流动比率是 8.50，表示 1 元负债有 8.50 元的流动资产保障。由于刘力是刚毕业不久的普通职场新人，只有信用卡和花呗透支产生的少量流动负债，而且刘力每月的工资收入足以支付其日常支出，所以刘力的偿债能力是有保障的。

（二）资本结构分析

资本结构是财务报表分析的重要指标，是指资产负债表中各种资本的价值构成及其比例关系，是主体一定时期筹资组合的结果。资本结构主要反映负债与所有者权益的比例，它在很大程度上决定着主体的再融资能力。

家庭财务中也存在资本结构的要求，比如当申请按揭贷款时，银行除了要求提供房产、车及存款等资产证明外，还要求提供现有债务及月还款情况，实际上就是在衡量再融资能力。

家庭财务中反映偿债能力的指标有资产负债率。

$$资产负债率=\frac{负债总额}{资产总额}\times 100\%$$

资产负债率越低，则所有者权益所占的比例越大，说明主体的经济实力越强，债权的保障程度越高；反之，该指标越高，说明所有者权益所占的比例越小，主体的经济实力越弱，偿债风险高，债权的保障程度低，债权人的安全性差。

案例中刘力的报表数据摘录如表 2.6.46 所示，试计算资产负债率。

表 2.6.46　报表数据摘录（2）　　单位：元

项目	2018 年 1 月期初	2018 年 1 月期末
资产总额	14 500	13 780
负债总额	4 500	1 150
资产负债率	31%	8%

2018 年 1 月期初的资产负债率是 31%，表示所有者权益所占比例是 69%；期末的资产负债是 8%，表示所有者权益所占比例是 92%。不论是期初，还是期末，刘力的债务总额比例都很低，债权的保障程度高。这与刘力是刚毕业不久的普通职场新人，还没有适应负债产生的杠杆效应有关。

（三）盈利能力分析

盈利能力是主体赚取利润的能力，盈利能力越强，赚取利润越多，主体的价值越大。家庭财务中分析盈利能力，主要看收入来源于多种渠道还是单一渠道，以及所有者权益产生收益的能力有多大。如果某一主体主要的收入来源于工资，且来源单一，那么该主体的盈利能力不强。

1. 家庭财务以净资产收益率作为反映盈利能力的指标

$$净资产收益率=\frac{收入总额}{净资产总额}\times 100\%$$

净资产收益率越低，该主体的盈利能力就越弱，说明主体创造收入的能力越差；反之，该主体的盈利能力就越强，说明主体创造收入的能力越强。

案例中刘力的报表数据摘录如表 2.6.47 所示，试计算净资产收益率。

表 2.6.47　报表数据摘录（3）　　单位：元

项目	2018 年 1 月期初	2018 年 1 月期末
净资产总额	10 000	12 630
收入总额	—	4 080
净资产收益率	—	32%

2018 年 1 月的净资产收益率是 32%，表示 1 元的所有者权益创造了 0.32 元的收入。

2. 投资收益率

$$投资收益率=\frac{收益总额}{投资总额}\times 100\%$$

案例中刘力的报表数据摘录如 2.6.48 所示，试计算投资收益率。

表 2.6.48　报表数据摘录（4）　　单位：元

项目	2018 年 1 月
收益总额	30
投资总额	8 000
投资收益率	0.375%

2018 年 1 月的投资收益率是 0.375%，是刘力存放 8 000 元到余额宝一个月产生的收益，假定不考虑复利，折算成年利率＝0.375%×12＝4.5%。

第三篇

会计工具在生活中的应用

有人说会计是管理活动，有人说会计是信息系统，有人说会计是控制活动，有人说会计是艺术。会计是一种应用于工作和生活中的技术和理念，如果没有运用于实践，没有得到实践的检验，所有的理论都是纸上谈兵。

在前面的内容中，我们学习了会计在生活中的具体应用，本篇我们将要学习几款常用的记账 App，养成随手记账的习惯，做到支出有预算，收支有记录，期末有汇总。

根据好评率、难易度和下载次数，我们选取了手机应用软件中的随手记、挖财和支付宝账本来学习。

第一章
随手记

随手记是随手科技旗下的主打产品，属于记账类 App。到目前为止，随手记用户已经突破 2 亿大关，在记账类 App 中遥遥领先。手机随手记，随手“记一笔”，记账非常方便。此外，随手记在记账界面显示预算有无超支，从而控制消费冲动。在线购买理财产品也是随手记的特点之一，用户可以去理财社区与达人们学习交流。

一、记账功能

去应用商店或 App Store 下载、安装随手记。打开随手记，注册用户，然后登录。

随手记的主要界面直接就是“记一笔”，显示支出、收入、转账选项。在记录每笔收支时，可根据实际情况填写分类、账户、备注、金额等信息，然后保存。如图 3.1.1 所示。

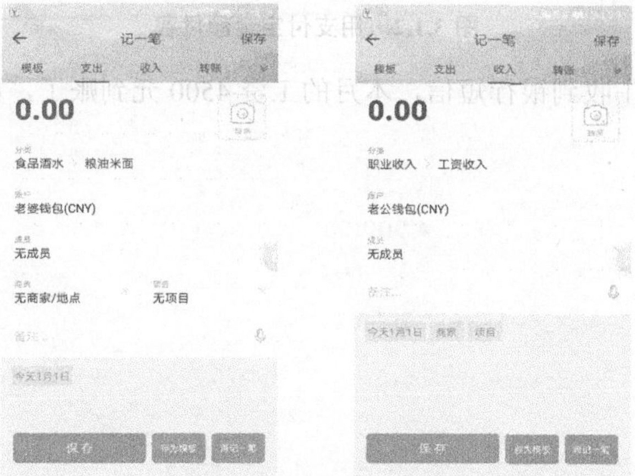

图 3.1.1 “记一笔”界面

其中支出的分类比较细致，包括食品酒水、购物消费、居家生活、行车交通、休闲娱乐、交流通信、人情费用、宝宝费用、出差旅游、金融保险、医疗教育、装修费用和其他杂项。

而收入主要包括三大类：职业收入、其他收入和人情收礼。职业收入中包括工资收入、利息收入、加班收入、奖金收入、投资收入、兼职收入；其他收入中包括礼金收入、中奖收入、意外来钱、经营所得、信用卡还款；人情收礼中包括婚嫁、满月、乔迁、寿辰、升学、白事和所收红包。

个人觉得收入中的明细不够准确，如果将利息收入、投资收入转入其他收入，经营所得转入职业收入更恰当一些。

收入、支出的账户都分为现金、信用卡、金融、虚拟、负债、债权、投资账户。这些账户也比较全面，涵盖日常生活中使用的多数支付方式。

同学们，从今天起，记录你的每笔收入和支出，开启记账之旅吧！

例：（1）买早餐，用支付宝余额付 10 元，如图 3.1.2 所示。

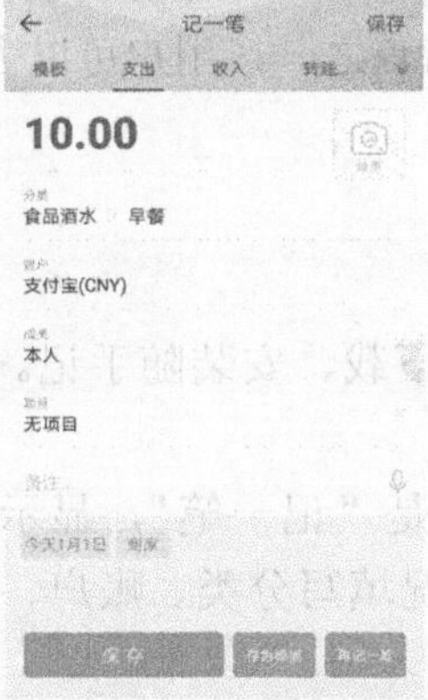

图 3.1.2　用支付宝余额付费

例：（2）上午收到银行短信，本月的工资 4500 元到账了，如图 3.1.3 所示。

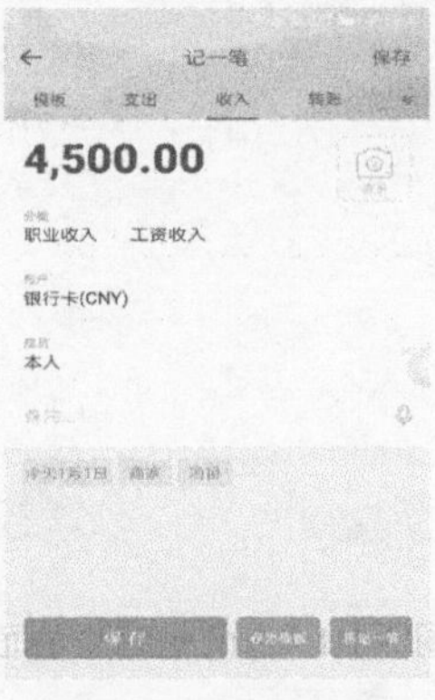

图 3.1.3　工资到账

二、预算功能

随手记的另一个特点是预算控制，用户可以提前在“预算中心”设置好支出总预算以及各项目明细预算金额，比如设置分类总支出 1 600 元，其中设置食品酒水 800 元，购物消费 300 元，居家生活 100 元，行车交通 100 元，交流通信 50 元，休闲娱乐 100 元，其他杂项 150 元，如图 3.1.4 所示。

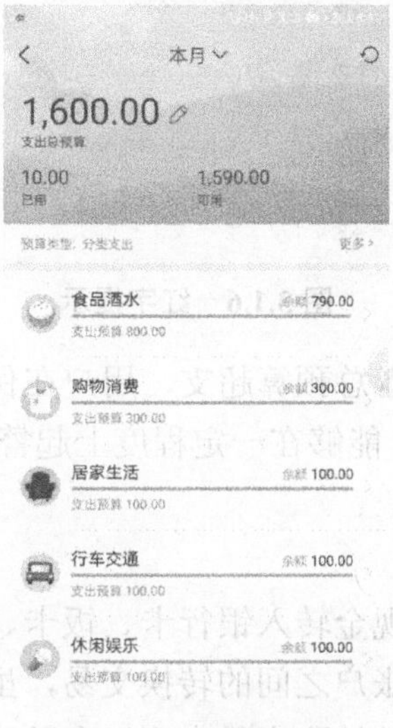

图 3.1.4　预算功能

例：用支付宝交本月电话费 52 元，记账后正常保存，如图 3.1.5 所示。

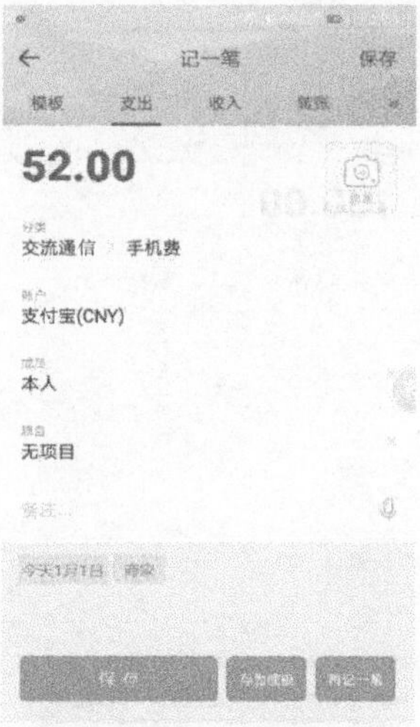

图 3.1.5　交电话费

在“预算中心”界面可以发现红字提示（图 3.1.6）：

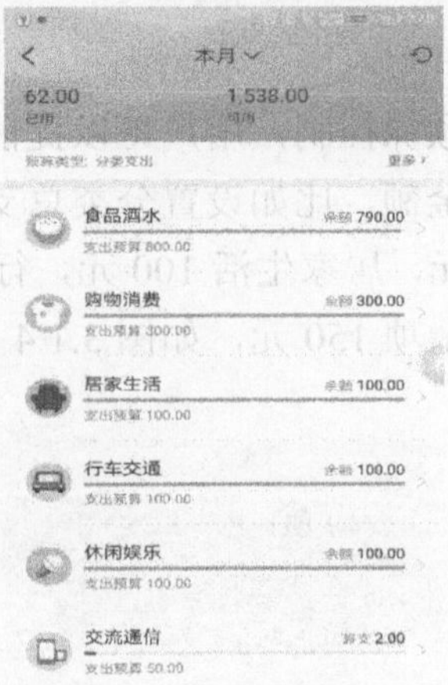

图 3.1.6　红字提示

当某项支出超预算，或者总预算超支，用户在保存支出记录后，系统就会显示红色超支，提醒用户关注，能够在一定程度上起警示作用，从而控制消费冲动。

（三）转账功能

账户之间的转账，比如现金转入银行卡、饭卡、支付宝、信用卡以及余额宝等，或者反向操作等资金在账户之间的转换交易，虽然不涉及实际的支出，但很符合生活中的实际情况。这种转账交易也可以在随手记中记录，做到不落掉任何一笔记录，全面统计数据。

例：从银行卡往支付宝账户转账 150 元（图 3.1.7）。

图 3.1.7　银行卡向支付宝转账

（四）月度汇总

（1）显示每天的流水——收入多少、支出多少，收入项目是什么，支出项目是什么，都一笔笔显示清楚。只要有记录，就可以查询。

（2）按月显示分类——每月收入总计多少，是什么分类项；每月支出总计多少，是什么分类项。

（3）按月图表浏览——随手记提供收入、支出、资产负债图表等，用饼图或条形图的形式直观显示每月的收支等数据，方便客户了解和体验。

此外，随手记还提供贷款、理财产品供用户体验，用户可根据自身实际情况使用。

总之，随手记提供足够细致的分类记录收支及转账，还能汇总每月的收支及资产负债情况，足以满足普通用户的日常记账需要。

第二章

挖 财

“挖财”是国内最早的个人记账理财平台，“挖财”的口号是“爱记账，会生活”，它认为无论是选择现金支付，还是网购刷卡，都能通过记账了解我们日常的花费与收入来源，慢慢形成良好的财务意识，是我们追求品质生活的基础。

挖财的主要功能有记账、查询和预算。

一、记账

记账时，支出、收入、转账、借贷都可以选择现金、存款账户，也可以根据实际情况增加投资账户、网络账户、储值卡账户等，可简化，可全面。

例：（1）2017 年 12 月 19 日，中国银行储蓄卡收到本月工资 4 500 元，如图 3.2.1 所示。

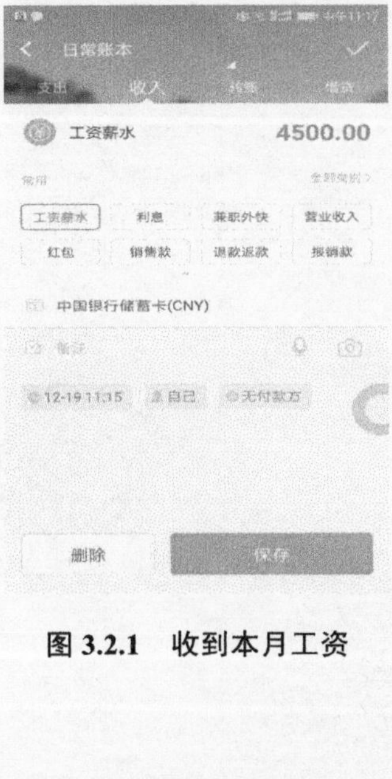

图 3.2.1 收到本月工资

例：（2）12 月 20 日，现金支付宵夜 25 元，如图 3.2.2 所示。

图 3.2.2　现金支付宵夜

二、查询

记账界面可以查询每天的收支明细记录和结余概况，也可以查询收支报表，如图 3.2.3 所示。

图 3.2.3　查询

三、预算

凡事预则立，不预则废。在使用记账软件时提前制订预算，可以有效节流。先按照自己的收入情况设置月预算总额和类别预算，在记账界面的“预算”中，会提示现有的预算余额，从而起到警示和遏制冲动的作用。

第三章

支付宝记账本

在支付宝应用中有一功能“记账本”，自动记录通过支付宝账户支出的项目，打开记账本，能够直接查询本月以及之前每天的支付宝支出明细，界面如图 3.3.1 所示：

图 3.3.1　支付宝记账本

如果用户是通过其他方式支出的，或者有其他收入项目，点击屏幕下方的“记一笔”补登记录即可。“记账本”同时提供了支出类别报表，能显示每类支出的总额和明细，还能查询收支涉及的账户及金额。

支付宝作为日常的主要支付方式，记录了多数的日常开支，使用支付宝“记账本”能大大减轻支出记录的工作量，并且“记账本”无须重新下载 App，所以是一款非常方便且简单的应用。

除了前面介绍的随手记、挖财和支付宝“记账本”以外，手机应用市场中还有其他的记账 App，比如有鱼记账、天天记账本等，它们都各有优缺点，用户可根据自己的需要选择下载使用。

这些记账 App，主要是以收付实现制为基础完成收入、支出的记账工作，记录每天的收支流水，操作简单。同时可以汇总本月全部的流水，提供月度收支结余报表，收支状况一目了然。

但记账 App 完全以现金、存款或者信用卡、支付宝等资产的减少或负债的增加为依据，记录收入和支出。其收付实现制的记账原理与企业会计中通用的权责发生制有很大的不同，单一记账的模式与现在通用的复式记账也不同，只能反映收入和支出的来源，但没有体现其去向，也没有体现应收、应付关系；只能反映现金、存款等的增减，但不能反映资产、负债、所有者权益的全貌，也不能反映利润的形成。

补充练习

学习会计的目的在于应用，用会计思维看日常的经济活动，掌握自己的收支结余情况，进而投资理财，实现财务自由。俗语说“好脑瓜不如烂笔头”，我们应从记账开始，每天坚持记录每笔收支。

（1）选取一款记账 App，下载并安装、注册。

（2）逐笔记账至少一个月的日常收支。

（3）月末查询收支明细和汇总报表。

（4）总结一个月的记账体会，并提出改进措施。

一个月后，你定会大有收获！

参 考 文 献

[1] 蒋国发. 会计学. 1版. 北京：清华大学出版社，2009.
[2] 庄小欧，甘娅丽. 财务报表分析. 1版. 北京：北京理工大学出版社，2010.
[3] 张远录. 财务管理. 1版. 北京：高等教育出版社，2011.
[4] 曹军. 财务报表分析. 1版. 北京：高等教育出版社，2012.
[5] 许延明. “钱”眼看世界：生活中的会计学. 1 版. 哈尔滨：哈尔滨工业大学出版社，2013.
[6] 陈强. 会计学基础——非财务会计类. 3版. 北京：清华大学出版社，2014.
[7] 中国会计学会编写组. 会计基础. 1版. 北京：经济科学出版社，2015.
[8] 梁伟样. 税费计算与申报. 2版. 北京：高等教育出版社，2015.
[9] 企业会计准则编审委员会. 企业会计准则案例讲解2016年版. 上海：立信会计出版社，2016.
[10] 田嘉林. 记账的奥秘. 1版. 北京：机械工业出版社，2017.
[11] 财政部. 企业会计准则第14号——收入. 2017.